国家自然科学基金数学天元基金项目
绍兴市科学技术协会科普项目资助

陈建功院士的数学教育思想与传播

王晓军 著

ZHEJIANG UNIVERSITY PRESS
浙江大学出版社
杭州

图书在版编目（CIP）数据

陈建功院士的数学教育思想与传播 / 王晓军著. —
杭州 : 浙江大学出版社, 2023.6
ISBN 978-7-308-23686-7

Ⅰ. ①陈… Ⅱ. ①王… Ⅲ. ①陈建功（1893-1971）
—数学教学—教育思想 Ⅳ. ①K826.11②O1

中国国家版本馆CIP数据核字(2023)第067618号

陈建功院士的数学教育思想与传播

王晓军　著

责任编辑　黄兆宁
责任校对　卢　川
封面设计　十木米
出版发行　浙江大学出版社
（杭州市天目山路148号　邮政编码　310007）
（网址：http：//www.zjupress.com）
排　　版　杭州林智广告有限公司
印　　刷　杭州高腾印务有限公司
开　　本　710mm×1000mm　1/16
印　　张　12
彩　　插　4
字　　数　193千
版 印 次　2023年6月第1版　2023年6月第1次印刷
书　　号　ISBN 978-7-308-23686-7
定　　价　68.00元

著名数学家、数学教育家

陈建功（1893—1971）

1929 年获日本东北帝国大学理学博士学位

1954 年起当选为第一届、第二届、第三届全国人民代表大会代表

1955 年当选中国科学院数理化学部学部委员（院士）

1955 年起担任中国数学会副理事长

1956 年起当选九三学社中央委员

1961 年起当选浙江省科协主席

陈建功院士的数学教育著作与论文

數學與天才 (1)

數學與天才

陳建功

許多人說：「學哲學是要一種特別天資的，假如沒有這種天賦的資質，要想學點數學，一定弄得勞而無功了；數學是專配「天才」學的東西。」「天才」是怎樣底一種人，我們雖然並不十分清楚，大約是指着那些一聽就懂，一看就會，智敏異常底一類人說的吧！世界上究竟有沒有一聽就懂，一看就會底人呢？這個問題，我們暫且不去討論；可是有些學生子相信了上面所說的話，課堂上一回子聽不懂教師所講的數學，或是一時看不懂數學書上的理論，他們就以爲「我不是天才，用功和不用功的結果是一樣的，我何苦埋頭案上，自尋煩惱呢！」但是作者常常想着以爲凡是經過了入學考試的學生，只要忠忠實實去用功，——書上所講底事情，仔仔細細的去看，一遍看不懂，再看一遍，決沒有看了四五次不懂的道理；遇着問題，個個做過，今天做不到，明天再來，千萬不要一個問題到手，只想了五六分鐘，做不出來，就去問別人。——不但可以把學校的數學課程全部了解，並且自家還能夠發生出許多疑問來，這種的疑問，就是創造底曙光。

《数学与天才》(《中学生》，1930 年第 2 期：59–63 页)

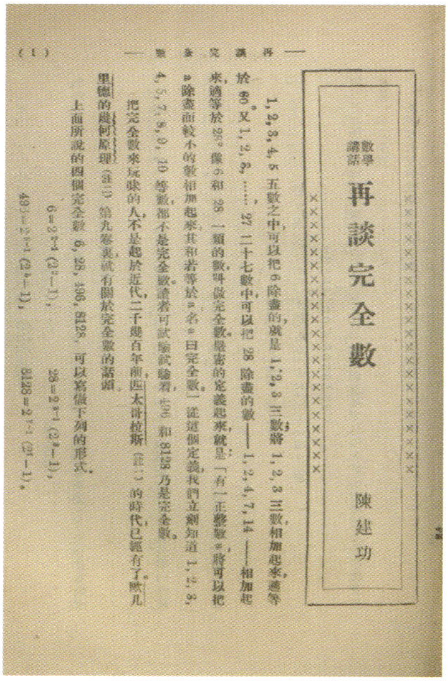

再談完全數 (1)

數學講話

再談完全數

陳建功

1, 2, 3, 4, 5 五數之中可以把 6 除盡的，就是 1, 2, 3 三數；將 1, 2, 3 三數相加起來，適等於 6。又 1, 2, 3, ……, 27 二十七數中可以把 28 除盡的數——1, 2, 4, 7, 14——相加起來，適等於 28。像 6 和 28 一類的數叫做完全數，嚴密的定義起來，就是「有一正整數 a，將可以把 a 除盡而較小的數相加起來，其和若等於 a，名 a 曰完全數」。從這個定義，我們立刻知道 1, 2, 3, 4, 5, 7, 8, 9, 10 等數都不是完全數。讀者可試驗試驗看，496 和 8128 乃是完全數。

把完全數來玩味的人，不是起於近代，二千幾百年前，匹太哥拉斯(註一)的時代已經有了。歐几里德的幾何原理(註二)第九卷裏，就有關於完全數的話頭。

上面所說的四個完全數 6, 28, 496, 8128，可以寫做下列的形式。

$6=2^{2-1}(2^2-1)$，　$28=2^{3-1}(2^3-1)$，

$496=2^{5-1}(2^5-1)$，　$8128=2^{7-1}(2^7-1)$。

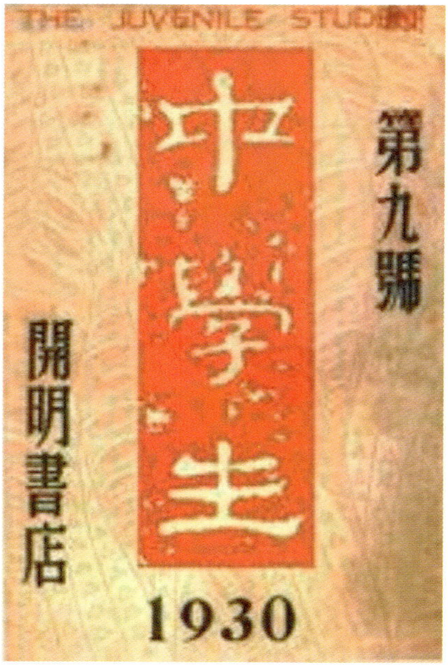

《再谈完全数》(《中学生》，1930 年第 9 期：75–79 页)

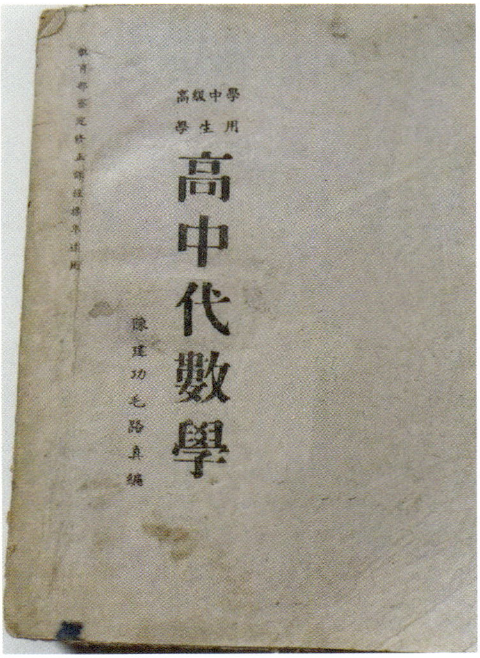

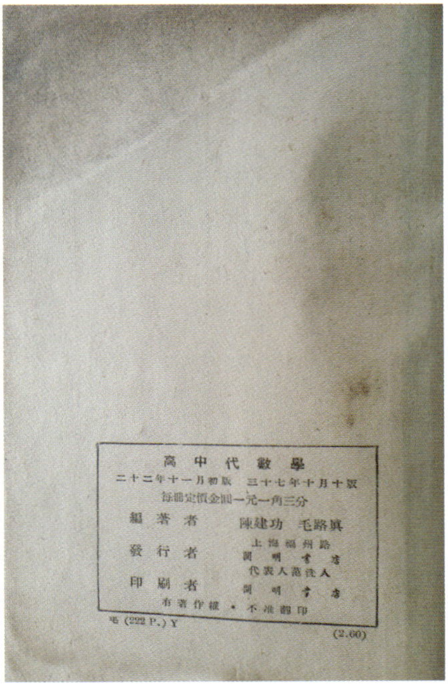

陈建功，毛路真编著：《高中代数学》（开明书店，1933 年）

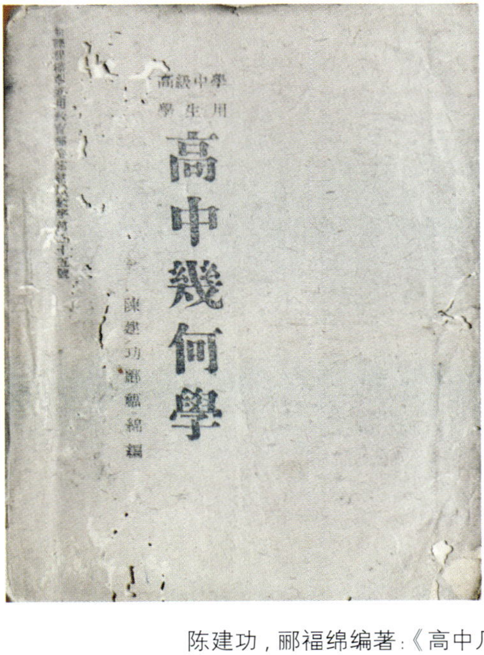

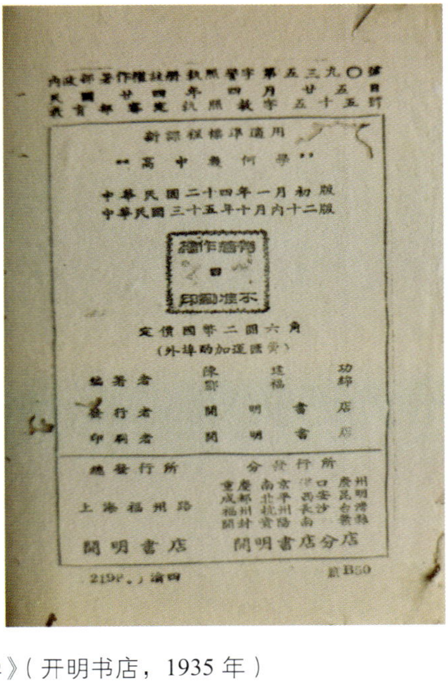

陈建功，郦福绵编著：《高中几何学》（开明书店，1935 年）

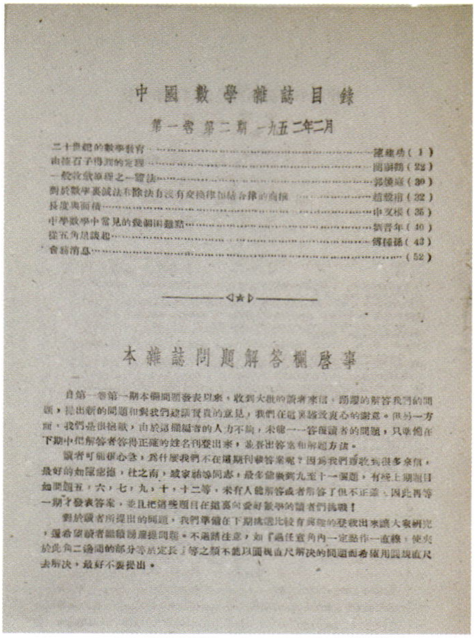

中國數學雜誌目錄

第一卷 第二期 一九五二年二月

本雜誌問題解答欄啓事

自第一卷第一期本欄問題發表以來，收到大批的讀者來信，踴躍的解答我們的問題，提出新的問題和對我們建議寶貴的意見，我們在這裏謹致衷心的謝意。但另一方面，我們很抱歉，由於這欄編者的人力不夠，未能一一答復讀者的問題，只準備在下期中把解答者答得正確的姓名刊登出來，並答出答案和解題方法。

讀者可能很心急，為什麼我們不在這期刊載答案呢？因為我們雖收到很多來信，最好的如[illegible]，杜之南，[illegible]等同志，最多能做到九至十一個題，有些上期題目如問題五，六，七，九，十，十二等，未有人能解答或者解答了但不正確，因此再等一期才發表答案，並且把這些題目在這裏向愛好數學的讀者們挑戰！

對於讀者所提出的問題，我們準備在下期挑選比較有興趣的發表出來讓大家研究，還希望讀者繼續踴躍提問題。不過請注意，如『過任意角內一定點作一直線，使夾於此角二邊間的部分等於定長』等之類不能以圓規直尺解決的問題而希望用圓規直尺去解決，最好不要提出。

《二十世纪的数学教育》（《中国数学杂志》①1952 年第一卷第 2 期：1–21 页）

① 《中国数学杂志》原名《数学杂志》，是由中国数学会创办的、以中等学校数学教师为主要服务对象的数学教育刊物，于 1936 年 8 月出版，是我国第一份全国性的数学普及刊物。因抗日战争和解放战争，1939 年至 1950 年被迫停刊。1951 年 11 月复刊，改名为《中国数学杂志》，毛主席亲自题写了刊名；1953 年更名为《数学通报》，郭沫若题写了刊名。1966 年因“文化大革命”停刊，1979 年 7 月复刊至今。

徐荣中，孙炳章，何籽嵚等合编:《陈建功氏高中代数学题解》（编者自印本，1946 年）

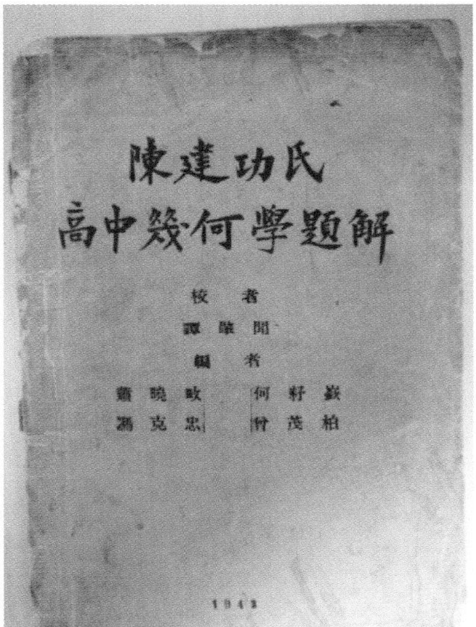

萧晓畋，何籽嵚，冯克忠，曾茂柏合编:《陈建功氏高中几何学题解》（编者自印本，1943 年）

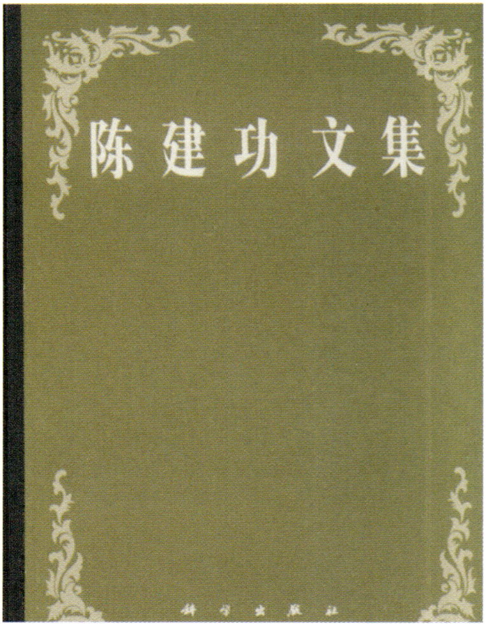

《陈建功文集》(科学出版社，1981 年)

骆祖英著:《一代宗师——钝叟陈建功》
(科学出版社，2007 年)

王晓军著:《中国现代数学教育先驱陈建功》(浙江大学出版社，2019 年)

陈建功院士的国际学术交流

中国数学代表团团长陈建功院士做国际学术报告，并与同行交流
（1956 年于罗马尼亚）

陈建功院士出席苏联函数论学术会议时与学生谷超豪、夏道行合影
（1958 年于莫斯科）

序

自20世纪以来，我国数学教育开始受到关注并逐步发展，越来越多的数学家、数学教育家投身于此。但中国的数学教育研究起步较晚，一个不争的事实是缺乏系统的数学教育理论。值得指出的是，我国数学教育的早期研究不可忽视陈建功先生的贡献，尤其是他在1952年发表于《中国数学杂志》的《二十世纪的数学教育》一文，极大地推动了我国数学教育的理论研究。陈先生提出的数学教育三大原则——实用性原则、论理的原则、心理的原则，在当前数学教育改革中仍然具有重要的理论价值与现实意义。从这个层面来说，被誉为“中国现代数学的拓荒人”的陈建功先生也是我国现代数学教育研究的拓荒者。

2020年9月11日，习近平总书记在《在科学家座谈会上的讲话》中指出：“科学家精神是科技工作者在长期科学实践中积累的宝贵精神财富。”[①]中共中央办公厅、国务院办公厅印发的《关于进一步弘扬科学家精神加强作风和学风建设的意见》中再次强调，科学家精神是促进科技事业健康发展的强大精神动力，要在全社会营造尊重科学、尊重人才的良好氛围。大力宣传科学家精神，要推动科学家精神进校园、进课堂、进头脑。数学家是科学家群体的重要组成部分，数学家精神是数学共同体在长期数学研究与实践中积累的宝贵精神财富，是数学家在数学活动中展现出的内在特征。数学家精神对学生必备的高层次核心素养的培育和“立德树人”根本任务的落实具有重要作用，尤其表现在对数学的感知、价值判断、学习兴趣和态度等方面。如何理解和把握我国传统数学文化，真正彰显我国数学和数学教育的社会文化属性，已经成为当下数学教育关注的重要内容。或许，循着我国数学家和数学教育家的眼光，通过挖掘陈建功先生的数学教育思想，可以帮助我们找到答案。

---

① 习近平．在科学家座谈会上的讲话[N]. 人民日报，2020-09-12(002).

浙江绍兴是陈建功先生的故乡，散布着丰厚、真实的第一手历史材料。作者王晓军对陈建功先生数学思想的关注、研究和传播历经了较长时间。王晓军曾是我门下早期毕业的研究生，入学时就已经是一位优秀的省重点中学的数学高级教师。在他就读研究生期间，我们师徒曾有过研究陈建功先生数学教育思想的念头。毕业后他在绍兴文理学院数学系任教，十多年来在课余时间投入大量精力，深入调研有关陈建功先生的大量文献，实地考察相关学校、文物古迹遗存，访谈陈建功先生后人、弟子等，完成《中国现代数学教育先驱陈建功》一书的撰写（2019 年 5 月由浙江大学出版社出版发行）。2020 年 11 月，我受邀参加浙江省数学会与绍兴市数学会联合举办的浙江省数学会第十二届理事会 2020 年年会暨陈建功教育思想研讨会，并做了题为“陈建功与中国数学教育”的大会报告。晓军担任绍兴市数学会秘书长，这次研讨会主要由他策划。会议期间我再一次强烈感受到陈建功先生数学教育思想的博大精深及晓军对陈建功先生数学教育思想研究的深耕和精进。2021 年 11 月，由晓军主持的“陈建功的数学教育思想与传播”项目成功获批国家自然科学基金数学天元基金项目，这更是对其研究的充分肯定。新著《陈建功院士的数学教育思想与传播》便是数学天元基金项目资助下研究陈建功先生数学教育思想的最新成果。

通观全书，作者的新著主要有以下几大特点：

第一，敏锐的学术洞察力。陈建功先生拥有丰富的教育经验，洞悉国内外的数学教育思想，形成了独具风格的教育原则和治学理念。作者对陈建功先生数学教育思想做了归纳总结与系统分析，对其所产生的深刻影响进行了逻辑思考与系统阐述，并挖掘其现代意义与启示，彰显了其敏锐的学术洞察力。

第二，精耕细作的研究态度。陈建功先生数学教育思想蕴含着丰富的内涵，著作中随处可见作者对相关历史资料的深度挖掘、对大量一手调研资料的解析，以及对陈建功先生后人、弟子的翔实访谈，彰显了其精耕细作的研究态度。

第三，鞭辟入里的深刻分析。纵观全书，作者在资料搜集与整理基础上，通过翔实的生平介绍，有温度、有情感的故事讲述，图文并茂的呈现方式，充分展现了陈建功先生数学教育思想的要义与价值，能让读者更好地理解陈建功先生数学教育思想的悠长意蕴。

第四，深入浅出的语言表达。作者虽然重点在阐释陈建功先生数学教育思想的理论问题，但其阐释的方式不只是简单地从内涵到内涵，而是基于史实的梳理，深入浅出地分析，很好地规避了语言表达上的晦涩，同时也生动地展现了大量后世学人积极投身于继承与发扬陈建功先生数学教育思想的活动的事例，让读者更直观地感受到陈建功先生数学教育思想所产生的深远影响。

综上，本书在对史实考察的基础上，坚持了历史与现实的统一、观点与材料的统一、理论与实践的统一，很好地实现了对陈建功先生数学教育思想的整理及其现代价值的开掘和阐释，把关于陈建功先生数学教育思想的研究提到了一个新的高度。虽然囿于时间，著作对陈建功先生数学教育思想的体系构建还不够明晰，但仍不失为一部佳作。希望本书的出版，能够激励更多的学者深入探寻以陈建功先生为代表的数学家精神的根与魂，真正建构起中国特色的数学教育理论。

张维忠①

2023年4月8日

① 张维忠，浙江师范大学教育学院教授、博士生导师，曾任第七届全国数学教育研究会副理事长，现任中国数学会数学教育分会“数学文化与数学教育工作组”副组长。

前　言

数学日新月异的发展，以及与各学科之间的相互渗透与融合，进一步加大了数学领域研究的广度和深度，同时促进了许多边缘学科与交叉学科的蓬勃发展。数学不仅是科学研究的基础，而且也是一种非常重要的思维方法与文化。受过教育的每一个人都认为自己知道数学是什么，知道数学有算术、代数、几何与微积分等方面的内容。但这仅仅是数学的极小一部分。20 世纪知名数学家柯朗（R. Courant）的著作《数学是什么》指出，数学教育应该让人了解数学在人类认识自己和认识自然中所起的作用，而不只是一些数学理论和公式。

目前我国的数学教育理论发展比较缓慢，国内数学教育理论存在两大依赖问题。第一是依赖国外。翻译介绍国外数学家的教育思想成了教育理论更新的捷径（如弗赖登塔尔数学教育理论、波利亚数学教育理论等）。第二是依赖教育学。学科教育是教育学的一个分支，结果往往导致数学教育成了大教育学的应用领地（如建构主义理论、OBE 理论、PBL 理论等），而自身的理论却得不到发展。因此，研究数学家与数学教育的新时代内涵与现代表达形式，是对目前我国数学教育理论缺失的有力补充，同时也有利于推进优秀传统文化的继承，践行文化自信。

近年来有关著名数学家陈建功（Kien-kwong Chen，1893—1971）先生科学贡献与教育思想的著作与论文《中国现代数学教育先驱陈建功》《陈建功：中国现代数学的拓荒人》《知行合一：陈建功的数学教育思想与治学理念》等先后出版与发表。这些著作与文章与时俱进，突显了陈建功的科学精神和教育理念，被中国科学院、数学界关注，被《中国科学报》及各大媒体转载报道；这些著作与文章紧跟当下数学文化发展前沿，对大力弘扬科学家精神，对加强作风和学风建设，营造风清气正的科研环境，顺应新时代发展的要求起到了重要作用。

陈建功，浙江绍兴人，中国著名数学家、教育家，中国科学院学部委员（院士），担任过中国数学会副理事长，浙江省科协主席，九三学社中央委员，第一届、第二届、第三届全国人民代表大会代表。他先后在浙江大学、复旦大学、杭州大学建立了函数论研究基地，创立了具有特色的函数论学派，享誉国际，是中国现代数学的拓荒人，对我国数学教育事业做出了巨大贡献。[①]因此，为了更好地贯彻习近平总书记在科学家座谈会上的讲话精神，继承与弘扬陈建功的数学思想与教育理念，意义非同一般。

陈建功的数学学术贡献与教育贡献是近代中国科学界研究对象之一，自1978年以来，受到国内数学界多位权威专家的极大关注，如华罗庚、苏步青、程民德、谷超豪、夏道行、陈翰馥等。

国内外继承和弘扬陈建功数学贡献的方式很多，有出版陈建功文集，有召开纪念大会和研讨会议，有发表相关学术论文，等等。国内数学界在1981年组成编写小组由科学出版社出版了《陈建功文集》，这部著作展现了陈建功作为中国现代数学拓荒人的高度学术成就，在国内外学术圈影响巨大。苏步青（1981）认为“陈建功是中国数学界钻研数学理论，并在这方面做出重要工作的第一位数学家；他不仅是一位数学家，而且是一位杰出的教育家”。有关陈建功数学贡献的学术著作与论文主要有：《一代学者陈建功》（1981），《陈建功与浙江大学数学学派》（1991），《中国现代数学的先驱——陈建功》（1992），《纪念陈建功教授诞辰一百周年》（1993），《对二十一世纪数学教育的一些思考——纪念陈建功院士〈二十世纪的数学教育〉一文发表50年》（2002），《一代宗师——钝叟陈建功》（2007），《陈建功数学教育思想的现代意义——以“数学讨论班”教学模式为中心》（2010），《陈建功与高中数学教科书的编撰》（2017），《中国现代数学教育先驱陈建功》（2019），《陈建功：中国现代数学的拓荒人》（2019），《知行合一：陈建功的数学教育思想与治学理念》（2020）。2021年11月，笔者主持的国家自然科学基金数学天元基金项目

① 王晓军，陈翰馥．知行合一：陈建功的数学教育思想与治学理念 [J]. 自然辩证法通讯，2020(8): 114–119.

《陈建功的数学教育思想与传播》（编号 12126507），进一步推进了陈建功科学精神与数学思想的课题研究，并取得丰硕成果，伴随而来的是本书的出版，希望为 2023 年陈建功诞辰 130 周年纪念活动增色添彩。可见，学界对陈建功数学教育思想的继承和弘扬，一直在延续。

目　录

第一章　数学教育理论的研究与发展

21 世纪以来，我国科技不断进步，经济发展迅猛，文化繁荣昌盛。数学是自然科学的基础，是重大技术创新发展的基础，而数学教育是基础教育的核心环节，是数学学科和数学研究的支撑，承担着重大使命。近 20 年来，我国中小学数学课程标准从修订到确定，不断完善和明确数学教育理念和数学的核心素养，进一步规范了我国中小学数学教育教学的基本程序。“至于数学教育在理念上是否有中国特色，我们应该总结自己的数学教育经验，努力发展为具有中国特色的数学教育理论；洋为中用，向国外的先进经验学习，引进国际上的正确理念和做法，是发展中国教育的必由之路；中国的教育界，引进国外的教育理论多多，输出中国教育理论寥寥，令人遗憾。”① 不过，中国的数学教育界，已经开始行动起来。2021 年第 14 届国际数学教育大会（International Congress on Mathematical Education，ICME-14）在中国上海的成功举办，不仅充分彰显了中国数学教育界的风采与成就，向世界提供了极富创新性的中国数学教育样本，也为提升全国的人才培养质量和数学教育研究水平提供了新的途径，为建设教育强国、数学强国注入了新的动力。走向世界的中国数学教育者们，将越来越具备世界眼光和国际思维，未来可期，行而不辍。

第一节　数学教育理论研究的意义

与其说课程改革的相关实践清楚地表明了我们的教师队伍是何等的脆弱（姜伯驹语），倒不如说真正脆弱的是我们的理论研究队伍。②

① 张奠宙 . 建设中国特色的数学教育理论 [J]. 数学通报 , 2010, 49(1): 8-14, 24.

② 郑毓信 . 从课程改革看数学教育理论研究 [J]. 数学教育学报 , 2007, 16(1): 40-43.

数学教育学研究是对数学教育学科的基本概念、研究对象、研究方法、结构体系以及与其他学科相联系的研究，区别于一般的数学教育理论研究，它属于对数学教育元理论的研究。尽管元理论不能直接解决任何数学教育实践问题，但它从更高层次上规定了数学教育理论研究的范畴和方法论。在数学教育学创建之初，其研究意义主要是通过规范数学教育研究、健康引领数学教育研究的发展，来提高数学教育研究的自觉性，增强数学教育理论的科学性。从20世纪80年代末开始，围绕数学教育学科体系的构建，我国先后有一些学者对此做了深入探讨（如：周学海，1986；曹才翰，1989；王仲春，1990；郑毓信，1992；孙宏安，1996；喻平，2001；顾泠沅，2004；王宪昌，2005；张奠宙，2010），这对指引我国数学教育研究的发展起了至关重要的作用。但也有学者认为对此的研究和认识还远远不够，比如，在已出版的林林总总的诸多名为“数学教育学”或“数学教学论”的著作或教材中，结构体系非常混乱，从体系的建构到内容的选择，均表现出了明显的随意性，比如经常可以看到内容鱼龙混杂，不在同一层面的内容并举的现象。[①] 虽然数学教育学不太可能有一个终极的理论体系，但是如果没有一个相对独立和稳定的理论体系，没有一个明确的逻辑起点，没有自省的话语系统，缺少体现数学教育学科特点的原理、概念与命题，的确不利于数学教育学的建设与发展。强调数学教育学科体系的重要性，就是要加强数学教育理论的研究。

数学教育理论是对数学教育实践活动进行理性思考的产物，是对数学教育现象及其矛盾运动能动反应所形成的具有层次性的、可以指导数学教育实践的观念体系。数学教育实践需要数学教育经验和常识，但仅仅停留在经验和常识的层次上是远远不够的。一位有20年教龄的教师，他的数学教育经验也许只是第一年工作经验的20次重复，即没有做好数学教育经验到数学教育理论的升华。没有感性到理性的跃迁，就不可能获得关于数学教育的规律性的认识，数学教育实践只能在低水平上重复。在数学教育的研究中，我们不能满足于指明相应的事实，即如熟能生巧、温故知新，而应对此做出必要的解释。也就是说，数学教育研究不能等同于经验之谈，而应上升到必要的理论高度。[②] 过多的经

---

① 李祎 . 应重视和加强数学教育理论研究 [J]. 数学教育学报 , 2006, 15 (1): 32−34.

② 郑毓信 . 数学教育研究之合理定位与若干论题 [J]. 数学教育学报 , 2003, 12(3): 1−4.

验总结和大教育理论的简单移植应用，且理论水平低下是我国数学教育研究的一个明显不足。正如王宪昌教授所指出的："中国数学教育学研究者群体是在缺乏、很少有或没有理论研究的状况下进行的数学教育学的构建，因为缺乏、较少有或没有理论指导下的数学教育学研究很可能会停留在技艺和经验的层面，很难排除那种以教学经验总结为主的经验型研究的价值趋向。"①

可见，数学教育理论研究不仅仅是大教育理论的简单移植应用，也不仅仅是教学经验的总结研究，更不应是照搬国外数学教育理论，而是要因地制宜，与时俱进，构建我国自己的数学教育理论。

第二节　数学教育理论的发展

中国特色的数学教育理论是在长期数学教育实践中形成的。近代的数学教育历史表明，一些重大的数学教育改革总是以"基础优先"，或是"创新优先"为线索开展的。例如，20 世纪 60 年代在美国搞的"新数学"运动强调创新，结果在 70 年代"回到基础"；90 年代倡导创新发展，而到 2008 年又提出"为了成功打好基础"。这是美国数学教育的"翻烧饼"式折腾。② 中国的近现代的数学教育也是如此。清末废除科举、兴办学校，德国赫尔巴特的教育教学理论通过日本传到我国，辛亥革命之后开始普及学校教育。赫尔巴特的教育思想与中国传统教育思想相结合，"教师中心""课堂中心""书本中心"主导了学校的数学教育。1919 年"五四"运动之后，杜威来到中国，宣传他的"儿童中心""活动课程""教育即生活"主张，并在国内风靡一时。但是，两种思想较量的结果是，杜威的新教育只能偏安一隅，没能成为主流。1949 年后，苏联凯洛夫的教育理论在传承知识、打好基础、体现教师主导作用方面，是赫尔巴特教育理论的新版。它和我国古代传统教育理论在重视学校教育、尊重教师、注重知识的传授和学习等许多方面，有相通契合之处。因此，在 20 世纪 50 年代全面学习苏联的大背景下，凯洛夫教育学在中国教育界得到推崇，这是意料中的事。尽管国内"新教育"学派依然存在，但杜威教育理论的影响逐渐式微。不过，杜威

① 王宪昌，王文友．关于中国数学教育学研究的问题探析 [J]. 数学教育学报，2004, 13(1): 27–30.

② 张奠宙．建设中国特色的数学教育理论 [J]. 数学通报，2010, 49(1): 8–14, 24.

实用主义教育学仍以观念潜流的形式不绝如缕，许多教育改革的核心理念，都出自杜威的思想，只是没有正式打出杜威的旗帜罢了。在此后的许多论争中，我们也或多或少可以看到杜威的影子。1958 年，教育部正式提出了“教育革命”的口号，核心是贯彻“教育为无产阶级政治服务，教育与生产劳动相结合”的方针。它的一个直接后果是“开门办学”，“把学校办到工厂农村中去”。数学因为抽象，理论联系实际比较困难，因而备受责难，成为改革的重点。在那个“大跃进”的年代，学生编写教材，劳动代替上课，生产技能取代理论知识，原本系统的数学基础教材，变成了“公社数学”“车间数学”等。过度的劳动安排破坏了正常教学秩序，1959 年初教育部即开始纠正，恢复正常的教学活动。“文革”十年的“教育革命”，依然是用劳动代替教学。数学课程被肢解为划线、算账之类的活动。1976 年后教育部拨乱反正，仍旧“回到基础”，学习系统的数学知识。总之，教育实践证明打好基础永远是最重要的，忽视基础必定要受到惩罚，古今中外，概莫能外。在良好的数学基础上谋求数学发展，这是好几代人数学教育实践获得的宝贵经验，这一思想已经深入人心，形成了传统，成为一种超稳定的结构。

国际数学教育大会是当今数学教育交流的最大平台，它是国际数学联盟（International Mathematical Union，IMU）的一个分支机构，每四年举办一届。国际数学教育大会集聚了当今世界最著名、活跃的数学教育专家开展研究与交流，它引领着国际数学教育的方向，影响着各国数学教育的发展与思潮。从我国参加国际数学教育大会以来，在研究主题与方向上，中国数学教育家的观点与贡献逐渐形成应有的影响。如 2021 年第 14 届国际数学教育大会在中国上海的成功举办，充分彰显了中国数学教育界的风采与成就，向世界提供了极富创新性的中国数学教育样本。

2000 年，ICME–9 设立的国际数学教育奖克莱因奖（Felix Klein）和弗赖登塔尔奖（Hans Freudenthal），建立了数学教育成果的学术标准，授予在数学教育研究做出杰出贡献的数学教育家。另外，数学教育研究随着 ICMI（International Commission on Mathematical Instruction，国际数学教育委员会）的成立，已成为国际上公认的学术活动。国际上的同行在此领域进行了广泛的研究，并产生了在国际上享有盛誉的刊物，如 *Educational Researcher*（《教育研究者》），

Connition & Instruction（《认知与教学》），*Journal of the learning Sciences, Mind, Culture, and Activity*（《学习科学、头脑、文化与活动》），*Educational Studies in Mathematics*（《数学教育研究》）等。目前我国数学教育家在这些刊物上发表的论文还不多，还没有国际公认的重大数学教育学术成果，这也从另一个角度说明了我国数学教育理论研究水平有待提高。

中国的数学教育发展到今天，对数学教育理论的研究应当关注并解决这些问题。因为理论的重要价值之一就是解决现实问题，我们的数学教育理论研究在理论与教学实践之间始终存在较大的距离，现在两者的差距有更进一步扩大的趋势。读数学教育论文不解渴、没滋味，又不能解决现实问题；而中、高等数学教育问题成堆，仅靠实践者的行动研究和校本研究是无法解决问题的，需要理论的引导和一定的理性评判。但我们的数学教育理论研究缺少立足实践的原创性研究，难以有效地指导实践，因而失去了引领实践的能力。①

对于国外的数学教育理论，我们应做正确的理解，切实避免对于国际上时髦潮流的盲目追随，认真做好对于各种新的数学教育思想或理念的理解与分析。另外，对于数学教育理论的本土化，我们同样要认识到：由于教育的文化相关性，国外即使再好的数学教育理论，也不可能不经改造或必要的调整就直接应用于中国的数学教育实践。而如果我们因此完全丢弃了自己的优良传统，也是一个严重的过失。

对于本土化的数学教育理论，香港大学教育学院教授梁贯成有如下陈述："面对国际课程改革的趋势，我们面对的一种危险是落后于其他国家，进而在越来越激烈的全球经济竞争中落败。但是，另一种危险是我们简单地跟随国际潮流，结果丢掉了我们自己的优点。在我们的文化中，长期存在的弱点需要巨大的勇气来改变。但是我们需要更大的勇气来抵制那些在'发达'国家中正在发生的变化，并且坚持一些传统价值来保持我们的优点。最为困难的是区别什么应该改变，而什么又不应改变！"②

另外，国际数学教育界关于国际比较研究的一些共识也能更好地理解在国

---

① 李伟军，李颖．中国数学教育理论原创性缺失的思考 [J]. 内蒙古师范大学学报（教育科学版），2011, 24(5): 6−10.

② 梁贯成．第三届国际数学及科学研究结果对华人地区数学课程改革的启示 [J]. 数学教育学报，2005, 14(1): 7−11.

际化与本土化之间所存在的辩证关系：比较研究提供的仅仅是一面镜子，而不是某种现成的蓝本。① 显然，后者在很大程度上也可被看成“放眼世界，立足本土”这一主张的一个基本意义②。

第三节 学习陈建功数学教育思想的现代意义

2019 年 6 月，中共中央办公厅、国务院办公厅印发了《关于进一步弘扬科学家精神加强作风和学风建设的意见》。意见指出，坚持弘扬科学家精神，这是做好人才工作的精神引领和思想保证，即必须弘扬胸怀祖国、服务人民的爱国精神，勇攀高峰、敢为人先的创新精神，追求真理、严谨治学的求实精神，淡泊名利、潜心研究的奉献精神，集智攻关、团结协作的协同精神，甘为人梯、奖掖后学的育人精神，教育引导各类人才矢志爱国奋斗、锐意开拓创新。③ 因此，如何继承和弘扬科学家精神，如何推进提升科学文化软硬实力建设已是当下的紧迫问题。近年来有关数学家陈建功（1893—1971）先生的科学贡献与教育思想被《中国科学报》及各大媒体转载报道；这些报道紧跟当下数学文化发展前沿，对大力弘扬科学家精神，对加强作风和学风建设，营造风清气正的科研环境，顺应新时代发展的要求起到了重要作用。

基于丰富的教育经验，陈建功对教育深思熟虑，不仅关注国内数学教育的发展，而且洞悉世界各国数学教育的概况，其主要教育观点见于其发表在 1952 年《中国数学杂志》中的《二十世纪的数学教育》。此篇巨作 2 万余字，内容深邃，深受后人推崇。

陈建功数学教育思想的主要表现是形成独具风格的教育原则和治学理念。

首先，陈建功认为数学教育有三大原则——实用性原则、论理的原则、心理的原则，三大原则是相互统一的。④ 数学教育三大原则的提出，反映其数学教育思想中蕴含着数学教科书中数学知识的逻辑体系、合理的教学方法、学生的

① 郑毓信 . 数学教育国际比较研究的合理定位与方法论 [J]. 上海师范大学学报（哲学社会科学基础教育版）, 2004(3): 1−5.

② 郑毓信 . 数学教育研究之合理定位与若干论题 [J]. 数学教育学报 , 2003, 12(3): 1−4.

③ 中共中央办公厅、国务院办公厅 . 关于进一步弘扬科学家精神加强作风和学风建设的意见 [EB/OL].（2019−06−11）[2023−04−05]. http: //www.gov.cn/zhengce/2019-06/11/content_5399239.htm.

④ 王晓军 , 陈翰馥 . 知行合一：陈建功的数学教育思想与治学理念 [J]. 自然辩证法通讯 , 2020(8): 114−119.

心理特征和接受能力、掌握数学知识和思想方法的实践过程这样一个四位一体的结构。[①] 他在不同的时间、不同的场合，都阐明过这个观点。例如，他认为，数学教科书中的知识和学习数学过程中知识被呈现或被学习者掌握的过程截然不同。他指出："教科书是前人对本门学科知识的总结，是融合了许许多多数学家潜心研究的结晶，只是简略了研究过程中经受的挫折和失败，且以最洗练的数学语言予以表达而已。"作为教科书和论文的读者，去阅读它们时，必然会遇到困难，犹如人们在穿越一座原始森林时，往往会被纵横交叉的小径、河道弄迷糊一样，必须认定方向、辨明真假，坚持不懈去攀登、去行进，任何侥幸心理和取巧做法都是不明智的。[②] 这里陈建功从另一个侧面指出数学的学术形态和教育形态。因此，"教材的内容，对于学生宜富于兴趣；枯燥无味的东西，决不能充作教材"。从这个意义上说，作为教师应该帮助学生认定方向，再现数学的一些思想方法的过程，引导学生进行火热的思考，这就是把数学的学术形态转变为教育形态。

其次，陈建功洞悉国内外的数学教育概况，践行"学贵讲，尤贵行"的治学理念。[③] 当时国外的数学教育现状，包括：20 世纪以前的数学教育，20 世纪出现的数学教育改造运动，以及意、德、英、法、美、日、苏七国数学教育的概况，其中有数学教育发展、数学教育基本观点、数学课程设置、教学内容安排、教科书编写等[④]，还有代表性的流派及其观点，特别是英国的彼利（J.Perry，1850—1920）运动，以克莱因（F.Klein，1849—1925）为代表的德国新主义数学运动和美国穆尔（E.H.Moore，1862—1932）的改造论。

新中国成立后，教育部成立不久就召开全国教育工作者会议，提出精简教学内容的改革。陈建功一方面不断探索数学教育改革的方向，另一方面也对改革进程保持理智的态度，指出我国过去的数学教育存在的问题和改进的思路，践行"学贵讲，尤贵行"的治学理念。

---

① 代钦．陈建功数学教育思想的现代意义——以"数学讨论班"教学模式为中心 [J]. 数学通报，2010，49(10): 23-27.

② 骆祖英．一代宗师——钝叟陈建功 [M]. 北京：科学出版社，2007: 36.

③ 王晓军，陈翰馥．知行合一：陈建功的数学教育思想与治学理念 [J]. 自然辩证法通讯，2020(8): 114-119.

④ 代钦．陈建功数学教育思想的现代意义——以"数学讨论班"教学模式为中心 [J]. 数学通报，2010(10): 23-27.

数学教育吐故纳新，我们研究陈建功的数学教育思想对新时代教育发展的意义非同一般。首先，陈建功的数学教育思想是我国数学教育理论本土化的主要体现，与国际主流数学教育理论提出时间相近［如弗赖登塔尔（1905—1990）的数学教育理论，波利亚（1887—1985）的怎样解题理论，以及皮亚杰（1896—1980）的建构主义理论等］。其次，研究陈建功的数学教育思想与中学数学课程标准理念的关系，对中学数学教学改革具有一定的启示作用。再次，基于国家加快世界重要人才中心和创新高地的建设，研究陈建功教育思想对我国高等教育改革具有较好的借鉴作用。最后，基于弘扬科学家精神与继承优秀科学文化的时代需要，以及学科教育是科学家与教育家共同努力的产物，研究陈建功的数学教育思想对我国数学教育理论发展具有引领作用，具有顺应新时代发展要求的重大意义。

第二章　新中国科学奠基人之一：陈建功院士

科学家的成长与祖国的命运和发展息息相关。2019 年《中国科学报》特别策划推出“寻找新中国科学奠基人”系列报道，以回顾科学大师们在学科创立、研究院所创建中鲜为人知的故事，挖掘老一辈科学家留下的学术财富、科学精神和家国情怀，激励和引导广大科技工作者追求真理、勇攀高峰。

第一节　陈建功：中国现代数学的拓荒人

19 世纪末 20 世纪初，中国一步步陷入殖民地半殖民地的深渊，救亡图存迫在眉睫。中华民族的仁人志士，前仆后继，不断探求救国救民、科学兴国的真理。中国涌现了以蔡元培（1868—1940）为代表的一大批在各个领域的杰出人物，数学界产生了像姜立夫、熊庆来、陈建功、何鲁、苏步青这样的杰出人物。当时的政府主张选拔聪颖学生出国留学，通过俭学努力掌握西方国家的先进科学技术和文化知识，归国后以“科学救国”、“实业救国”和“教育救国”等办法，使中国富强起来。陈建功就是这样成长起来的。他是我国现代数学的拓荒者，毕生从事数学教育和科学研究，在函数论，特别是三角级数方面卓有成就，创立了具有特色的函数论学派（陈苏学派），享誉国际。[①]

陈建功是中国现代数学的奠基人之一。他的一生是燃烧自己、照亮别人的一生，无论做学问还是做人，都为后人树立了楷模，人们记着他，尊敬他。陈建功多次放弃国外优越的生活条件，毅然回国，分别在浙江大学、复旦大学、

① 王晓军 . 中国现代数学教育先驱陈建功 [M]. 杭州：浙江大学出版社 , 2019: (前言)1.

杭州大学[①]带领出三个团队，通过创新倡导的“数学讨论班”教学研究模式，培育了三支学术队伍，建立了三个全国知名的函数论研究基地，在指导青年教师和学生开展科研、培养人才、发展教育事业方面均做出了重要贡献。[②]陈建功一生刻苦勤奋，不断进取与创新，在当时国内外学术刊物上先后发表数学论文71篇，出版专著译著11部，为发展中国的现代数学研究做出了不朽的贡献。

陈建功是一位卓越的数学教育家。他自始至终坚持“学贵讲，尤贵行”的教育治学理念，始终主张教学与科研要相辅相成、互相促进，“讨论班”模式就是很好的佐证。[③]他主张的数学教育原则有三条：实用性原则、论理的原则和心理的原则。他常说，要教好书，必须靠搞科研来提高；反过来，不教书，就培养不出人才，科研也就无法开展。[④]他非常重视教学，每年都编新的讲稿。他洞悉国外研究前沿，在上课介绍文献时，还常提出一些值得研究的问题；在指导研究生时，他总让学生掌握最新文献，尽快接近学科的最前沿。这样的培养方法是非常值得目前我国高等教育内涵式发展改革借鉴的。受业于他的学生很多，直接受他指导的研究生就有40多位，他们大多成为数学教授，有的著称于世界。

《中国科学报》推出的“寻找新中国科学奠基人”专栏于2019年10月18日第四版刊登了《陈建功：中国现代数学的拓荒人》的报道。现在我们读起来，依旧意犹未尽，催人奋进。

---

① 杭州大学成立于1958年。1952年，浙江大学部分系科转入中国科学院和其他高校，主体部分在杭州重组为若干所院校，后分别发展为原浙江大学、杭州大学、浙江农业大学和浙江医科大学。1998年，同根同源的四校实现合并，组建了新的浙江大学。

② 缪春芳. 教育思想源泉与治学理念传承——评王晓军著《中国现代数学教育先驱陈建功》[J]. 绍兴文理学院学报（自然科学版），2021(4): 117−119.

③ 王晓军. 中国现代数学教育先驱陈建功 [M]. 杭州：浙江大学出版社，2019: 91.

④ 骆祖英. 陈建功与浙江大学数学学派 [J]. 中国科技史料，1991, 12(4): 3−11.

4 中国科学报　2019年10月18日 星期五　人物

寻找 新中国科学奠基人

陈建功：中国现代数学的拓荒人

《陈建功：中国现代数学的拓荒人》(《中国科学报》2019 年 10 月 18 日)

一、人物介绍

陈建功，著名数学家、数学教育家，1929 年获得日本理学博士学位，1955 年当选为中国科学院学部委员（院士）。陈建功是中国现代数学的奠基人之一，中国函数论研究的开拓者，中国数学界公认的权威，毕生从事数学研究和数学教育。他在国内开创了函数论研究，并开拓了实变函数论、复变函数论、直交函数级数等多个分支方向，特别是在三角级数方面卓有成就。他用日文写成的《三角级数论》是国际上较早的三角级数专著。他和苏步青创立了享誉国际的“陈苏学派”（又称浙大学派）。[①]

陈建功，字业成，1893 年出生于绍兴府城，幼年就读于邻家私塾，1905 年

① 韩扬眉 . 陈建功：中国现代数学的拓荒人 [N]. 中国科学报 , 2019-10-18(4).

后入蕺山书院学习，1909 年考入绍兴府学堂（现绍兴第一中学前身），1910 年进入浙江两级师范学堂[①]学习。1913 年他师范毕业，受科学救国的思想熏陶，三次东渡日本学习中学数学、大学数学，于 1926 年跟随博士导师藤原松三郎专攻三角级数论，1929 年获得日本东北帝国大学理学博士学位，成为在日本第一个获得理学博士学位的外国学者。遵照导师藤原松三郎的要求，他用日文撰写了《三角级数论》，由岩波书店出版。书中的整套日文数学术语都是陈建功精心斟酌和首创的，一直沿用至今。[②]

"在我们日本，获得理学博士学位相当难。你在日本数学界有了这样的声望和地位，还愁将来没有灿烂的前程吗？"导师恳切挽留。

"先生，谢谢您的美意。我来求学，是为了我的国家和亲人，并非为我自己。"异国求学十二载，陈建功科学救国心切，一刻也不想停留。

1929 年底，陈建功婉言谢绝导师的挽留，踏上归途。回国以后，陈建功作为分析学领衔人之一，拉开了我国现代数学发展的序幕。陈建功也是一位卓越的数学教育家，主张教学与科研相辅相成，提出数学教育的实用性原则、论理的原则和心理的原则，培养了许许多多成绩斐然的数学家与数学工作者。时至今日，这些思想理念和方法依然具有强大的生命力。

二、创建三大高地[③]

1929 年应时任浙江大学（以下简称浙大）校长邵裴子之邀，陈建功来到浙大任职。当时浙大数学系仅有 5 名学生，陈建功既是数学系系主任，又担任科研和教学工作。"祖国的数学该如何尽快缩小与世界先进水平的差距？"陈建功的理想是改变我国科学落后的面貌，培养和造就一支国际一流的数学学派。在浙大，陈建功首先延续了三角级数论研究，成为国内该领域的开创者。此后无论何时，他对三角级数论的关注和研究一天也没有中断过。

陈建功回国两年后，与他同在日本东北帝国大学数学系读博士学位、主修微分几何专业的"师弟"苏步青毕业了。应"师兄"和邵裴子的热情邀请，苏步

---

① 浙江两级师范学堂，1908 年创建，1912 年更名为浙江两级师范学校。旧址在现杭州高级中学贡院校区内。

② 王晓军，陈翰馥 . 知行合一：陈建功的数学教育思想与治学理念 [J]. 自然辩证法通讯，2020(8): 114–119.

③ 韩扬眉 . 陈建功：中国现代数学的拓荒人 [N]. 中国科学报，2019-10-18(4).

青加盟浙大数学系，并在陈建功的极力推荐下，担任数学系系主任。自此，陈建功与苏步青强强联手，创造了我国现代数学发展的“黄金时代”——主导并推动函数论与微分几何研究进入世界一流行列，培养出程民德、谷超豪、夏道行、王元、胡和生、石钟慈、沈昌祥等数学家。一支蜚声中外的“陈苏学派”（又称浙大学派）在东方崛起，在当时堪与国际数学界的美国芝加哥学派、意大利罗马学派齐名。1952 年，全国高校院系大调整，陈苏二人及其弟子连同浙大数学系一起进入复旦大学数学系。已是花甲之年的陈建功一方面系统介绍国际单叶函数论研究成果并总结国内相关成果，另一方面开拓新的研究方向——函数逼近论和拟似共形映照理论。为在复旦大学建立起一支强大的数学队伍，他常常同时指导一、二、三年级的十几名研究生，着重培养和训练学生的独立研究能力和基本研究方法，使他们尽快进入科研领域。现代数学在上海迎来又一高峰。

1958 年，杭州大学成立，陈建功被任命为副校长。繁重的行政事务丝毫没有降低他对数学事业的追求和热情。他系统总结了新中国成立 10 年来函数论的研究成果，为学科建设指明了方向；同时，编著出版了《实函数论》《三角级数论》等图书，它们成为中国数学的宝贵文献。至此，杭州大学成为他一手创建的第三个数学高地。

陈建功的学生、杭州大学数学系教授谢庭藩回忆说：“陈先生学识广博，总是能看到别人看不到的东西。之所以能看到，来自陈建功对国际最新学术潮流和发展动向的时刻关注。他敏锐洞察到函数论是一项热门研究，便潜心钻研，开创了单叶函数论方向，并在解决单叶函数论系数估值这一中心问题上取得开创性重要成果。”“没有陈建功先生，杭州大学数学系不会发展得这么好。”20 世纪 80 年代，美国根据学术论文及其影响力对大学进行排名，杭州大学位居前列。

在 3 个不同时期，陈建功创建了三大数学高地，开拓了多个学术方向，培养了 3 支队伍，为中国数学学科发展提供了强大的学术保障。

三、教学三大特色①

有数学史专家统计过，就培养研究生成才人数而论，陈建功当属新中国初

① 韩扬眉．陈建功：中国现代数学的拓荒人 [N]. 中国科学报 , 2019-10-18(4).

期培养人才最多的数学家。的确，在陈建功看来，“培养人比写论文意义更重大”。这一理念也贯穿他整个教学和科研生涯，直至晚年。

数学讨论班。回浙大之初，陈建功便意识到，要想办好数学系，关键是努力提高学生的自学能力和青年教师的独立工作能力，而这两种能力的提高很大程度上取决于严格有效的训练。1931 年，他与苏步青决定，在高年级学生和青年助教中开设数学研究讨论班，分为甲、乙两类，前者精读一本最新数学专著，后者读懂一篇国际数学杂志最新发表的前沿论文。然后，学生轮流登台讲解，陈、苏两位教授和其他学生可随时提问。如果学生准备不充分没讲好、问题没答好，便会遭到当堂“训斥”。可以想象，面对专业和外文两大挑战，这种“赶鸭子上架”的治学方式让学生不得不更加刻苦钻研，不敢有丝毫侥幸和懈怠。后来成为数学界中流砥柱的陈门弟子用实际成就证明了这种方法的卓越成效。而这一方法也极大推动了中国现代数学学科不断开枝散叶，在新方向上有所拓展，甚至领先世界。

论文介绍课。浙大数学系教授王斯雷记得，“陈氏教学法”的另一个特色是每周一次的论文介绍课。“每周三上午第三、四节课，陈先生给我们介绍最新论文，告诉我们最新论文研究什么问题、什么时间提出来的、研究到什么程度了、哪些还没有解决等。我们受启发写论文，陈先生便会亲自修改指导并推荐到高水平期刊发表。”课堂上的陈建功像是一名战士。他曾说，上课像打仗一样，要充分准备，每讲一个新内容，应讲清问题之来龙去脉。他的课堂除了公式定理，更是充满了前人研究问题的曲折历程和数学故事。“上讲台精神百倍，下讲台满身白粉。”苏步青曾这样描述陈建功，“陈先生上课不带讲义，但不是没有。我亲眼看到，他每年都要新编，老的删掉，补充新内容。”在自编教材这件事上，陈建功可谓倾尽心血。他编写的《级数概论》《复变函数》等教材讲义数十年后仍然是浙大数学系教师的进修参考书。

数学教学一定要与科学研究相结合。这也是陈建功教学的一大特色。陈建功常说，要教好书，必须靠搞科研打基础；反过来，不教书，就培养不出人才，科研也就无法开展。陈建功每开拓一个新领域，都会率先发表有重要成果的研究论文。他同时翻译国外高水平专著，并积极组织学生和青年教师开展研究，鼓励他们多发表论文。

四、建功遗愿，继往开来

1971 年 4 月，陈建功的生命在“文革”中戛然而止。“数学发展状况如何？”陈建功在生命的最后时刻仍在写信关心数学事业的前途。临终前，他坚定地对唯一的探访者说：“我热爱科学，科学能战胜贫困，真理能战胜邪恶，中华民族一定能昌盛！”

1978 年 11 月，中国数学会在成都举行代表大会，为受迫害的数学家平反昭雪。会上讨论了数学界公认的 4 位权威，陈建功位列第一。

今天，中国的数学事业再次迎来发展的“黄金时代”。陈建功所开创的事业、未竟的梦想正在一代又一代数学家的努力下继往开来、蓬勃向上。

第二节　陈建功院士的科学家精神

“真”是科学最本质的特征，也是科学家必须守护的品格。在当前各种物质条件极大丰富、环境更加优越，但弄虚作假之风时有泛起的情形下，“真”比任何时候都更值得坚守和践行。一直以来，不断有人追问：我们需要培养怎样的科学精神？陈建功用一生诠释的“真”精神，或许是对这个问题最好的回答。“真”，可谓陈建功先生一生的真实写照。他的爱国、求实、育人、奉献精神，恰是科学家精神内涵之所在。[①]

一、爱　国

有强烈的爱国情怀，这是陈建功先生科学救国的第一要求。在全面建成社会主义现代化强国、向世界科技强国行列迈进的新征程中，大力弘扬胸怀祖国、服务人民的爱国精神，就是要将实现个人科学抱负的“小我”融汇于国家民族命运的“大志”，同国家需要、人民要求紧密对接，这样才能始终保持正确的方向，在提升国家科技创新能力的同时实现自身的人生价值。历经时代更替的著名数学家陈建功，对国家怀有一颗赤诚真心。三度留日获得理学博士学位的陈建功，谢绝导师挽留毅然回国，回国前叮嘱师弟苏步青“西山不可久留”，约定学成回国共建浙大数学系，由此，他们开创了中国数学界著名的陈苏学派。初

---

① 韩扬眉 . 陈建功：中国现代数学的拓荒人 [N]. 中国科学报 , 2019-10-18(4).

创的浙江大学，数学教材都是外文版本，教材本土化迫在眉睫。陈建功首创编写中文课程讲义，编写了《级数概论》《实变函数》《复变函数》《微分方程论》等中文教材，并用汉语讲课，这在当时是绝无仅有的。尽管陈先生自己懂得日、英、德、法、俄等国语言，但他始终坚持中国人要用中国的语言进行教学和科研，这种爱国主义的精神是永远值得我们学习的。抗美援朝时期，陈建功支持正在读浙江大学电机系三年级的大儿子参军。他痴迷数学，除了自我兴趣，更主张数学科学要面向国家建设的需要。他的第三子、数学家、中国科学院院士陈翰馥回忆说："我在大学定学习方向时，请教父亲是否学习函数论或什么。他说，根据国家发展需求，要加强概率论、微分方程、计算数学等学科，于是我就选了概率论。"陈建功先生在实现科技强国的宏伟目标中展示了深沉的家国情怀，让自己的科学追求融入建设社会主义现代化国家的伟大事业中，引领科学工作者创造强国富民的时代效能。

二、求　实

在陈建功眼中，科研、教学来不得半点虚假和懈怠。新中国成立之后，56岁的陈建功自学俄文，只为尽快把苏联高水平的数学研究成果引入国内。他对自己的要求几近苛刻。陈翰馥时常见到父亲早起在狭小的公用盥洗室里若有所思。"那是父亲在备课，他把当天要讲的课再默背一遍。"① 真理是人们对于客观事物及其规律的正确反应，科学发现、技术发明的过程，就是不断获得真理性认识、掌握规律从而运用规律的过程。重大的科学理论突破或者技术发明无一例外都是实事求是、脚踏实地的结果。只有实事求是，才能无限逼近真理，只有脚踏实地，才可能取得重大突破。时代在发展，科技工作的条件和外部环境日新月异，但是追求真理的内核永远不变。永远保持追求真理、严谨治学的求实精神，是推动我国成为世界主要科学中心和创新高地的根本要求。新时代科学家要尊重科学发现的规律，客观诚信，坚持弘扬求实精神，要立德为先，践行社会主义核心价值观。

---

① 韩扬眉 . 陈建功：中国现代数学的拓荒人 [N]. 中国科学报 , 2019-10-18(4).

三、育　人

陈建功对学生怀有真挚的感情，无论朝夕相处的学生，还是慕名求知的年轻人，皆是如此。王斯雷还记得 60 多年前自己刚开展数学研究时的一件事。那天烈日炎炎，他慕名到复旦大学找陈建功，寻求解答由国外数学家编写的《三角级数》中的困惑。“他并不认识我，却很认真地讲解了半个多小时。”王斯雷受益匪浅，后成为浙江大学教授、我国著名函数论专家。[①] 建设创新型国家不是一蹴而就的，需要一代又一代人接续努力，今天的青少年就是明天科学研究和技术攻关的生力军。只有甘为人梯、奖掖后学的育人精神在广大科技工作者中蔚然成风，建设创新型国家的人才供给才会源远流长。发扬甘为人梯、奖掖后学的育人精神，一方面，要充分发挥资深科技工作者的“传帮带”作用，甘做“挖井人”“栽树人”，像陈建功对待王斯雷那样，甘于做“铺路石”；另一方面，在青年科技人才的培养使用上要“不拘一格”，勇于打破论资排辈和等级观念，坚决克服“唯论文、唯职称、唯学历、唯奖项”倾向。

四、奉　献

作为杭州大学副校长的陈建功不求闻达，虽手握晋升、评审大权，却因公废私。夫人朱良璧直到退休还仅是杭州大学数学系的一名讲师，而她曾在国际顶级数学刊物发表两篇学术论文，无论资历还是教学水平早已是教授级别。对此，陈建功回应说：“她小孩子多，在外系教数学，讲师就够了，把提职名额让给别人吧。”陈建功刚正率真的性情，让后人永远敬仰和追思。习近平总书记指出：“我们的很多院士都具有‘先天下之忧而忧，后天下之乐而乐’的深厚情怀，都是‘干惊天动地事，做隐姓埋名人’的民族英雄！”[②] 广大科技工作者需要静心笃志、心无旁骛、力戒浮躁，甘坐“冷板凳”，肯下“十年磨一剑”的苦功夫。反对盲目追逐热点，不随意变换研究方向，坚决摒弃拜金主义。从事基础研究，要瞄准世界一流，敢于在世界舞台上与同行对话；从事应用研究，要着眼于解决实际问题，力争实现关键核心技术自主可控。

坚持弘扬科学家精神，即必须弘扬胸怀祖国、服务人民的爱国精神，勇攀

---

① 韩扬眉 . 陈建功：中国现代数学的拓荒人 [N]. 中国科学报 , 2019-10-18(4).

② 2018 年 5 月 28 日 , 习近平在中国科学院第十九次院士大会、中国工程院第十四次院士大会上的讲话。

高峰、敢为人先的创新精神，追求真理、严谨治学的求实精神，淡泊名利、潜心研究的奉献精神，集智攻关、团结协作的协同精神，甘为人梯、奖掖后学的育人精神，教育引导各类人才矢志爱国奋斗、锐意开拓创新。[①] 陈建功院士的一生，凝聚了科学家精神的内涵。

第三节　陈建功院士的杰出数学贡献

陈建功一直主张教学必须与科学研究相结合，如果光搞科学研究不教书，那就后继无人；反过来，不搞科学研究就不可能提高教学质量，教学与科研是相辅相成的。在陈建功所经历的那个年代里，中国现代数学成果的取得是那么宝贵，鼓舞着整个中华民族自强不息。

陈建功是我国现代数学的拓荒者和奠基人之一。1928 年，他与哈代同时解决具有绝对收敛富氏级数的特征问题，这预示着中国现代数学研究之起始。从 1921 年到 1965 年的 40 多年里，他涉足正交函数、三角级数、单叶函数、函数逼近、拟似共形映照和偏微分方程等诸多领域，写下了 71 篇论文，出版了 11 部著作。查阅《陈建功文集》[②]《纪念陈建功教授诞辰一百周年》[③] 等有关文献，陈建功教授的数学研究贡献主要有以下几个方面。

陈建功教授是我国著名的数学家之一。早在 20 世纪 20 年代，他就对数学做出了重要贡献，誉满东瀛。1921 年，他在日本东北帝国大学学习时，就在日本《东北数学杂志》(*Tôhoku Mathematical Journal*) 上，发表了题为《关于无穷乘积的几个定理》的数学论文。这篇创造性论文标志着中国学者在现代数学方面的崛起。陈建功教授的一系列研究工作，使他在 1929 年获得东北帝国大学理学博士学位，成为在日本取得这样崇高荣誉的第一位外国科学家。他的导师藤原松三郎为有这样一位中国学生而自豪，认为他是自己“一生的最大光荣”。陈建功教授遵照导师的建议，于 1930 年用日文写成并在日本岩波书店出版的《三角级数论》，是中国学者首次在国外出版数学专著。

---

① 中共中央办公厅、国务院办公厅 . 关于进一步弘扬科学家精神加强作风和学风建设的意见 [EB/OL].（2019−06−11）[2023−04−05]. http://www.gov.cn/zhengce/2019−06/11/content_5399239.htm.

② 陈建功文集 [M]. 北京：科学出版社 , 1981.

③ 王斯雷 . 纪念陈建功教授诞辰一百周年 [J]. 杭州大学学报（自然科学版）, 1993, 20(3): 245−250.

陈建功教授是我国现代数学的奠基人之一，是我国分析数学许多分支的拓荒者与学术带头人。他的研究工作遍及实变函数论、复变函数论、直交函数级数、三角级数、逼近论、单叶函数、拟似共形映照以及偏微分方程等，成果累累。特别是在直交函数级数、三角级数论等方面的贡献，在国内外享有很高的声誉。他用日文写成的《三角级数论》是国际上第一本三角级数方面的专著，比齐革蒙特（Zygmund）的专著《三角级数》要早几年出版，在日本乃至国际数学界都有相当的影响。

三角级数论是傅里叶分析（Fourier Analysis）中的重要组成部分。傅里叶分析是19世纪初从热传导的研究中产生的。中心问题是：怎样的周期函数可以用它的傅里叶级数来表示？随着勒贝格测度与积分理论的建立，傅里叶级数的几乎处处收敛问题逐渐为数学家们所重视。1906年，法图（P.J.L.Fatou）首先证明，假如

$$w(n) = n,$$

$$\sum_{n=1}^{\infty}(a_n^2+b_n^2)w(n) < \infty,$$

那么傅里叶级数

$$\frac{a_0}{2}+\sum_{n=1}^{\infty}(a_n\cos nx+b_n\sin nx) \tag{1}$$

几乎处处收敛。1909年，外尔（H.Weyl）指出，当 $w(n) = n^{1/3}$ 时，结论仍成立。1913年，霍布森（E.W.Hobson）把条件降低到 $w(n) = n^{\varepsilon}$，ε 为任意正数。同年，普朗歇尔（M.Plancherel）和哈代（G.H.Hardy）把 $w(n)$ 分别改进到 $\log_3 n$ 和 $\log_2 n$。不久，卢津（N.Luzin）进一步提出了他的猜想，认为 $w(n) = 1$，即（1）为平方可积函数的傅里叶级数时，级数（1）将几乎处处收敛。

卢津的猜想是以他在一系列研究工作中得到的两个结果为依据的：①以 2π 为周期的平方可积函数的傅里叶级数几乎处处收敛的充分必要条件是下式

$$\lim_{n\to+\infty}\int_{0+}^{\pi}\frac{\tilde{f}(x+t)-\tilde{f}(x-t)}{t}\cos nt\,\mathrm{d}t=0 \tag{2}$$

几乎处处成立，其中 $\tilde{f}$ 为 f 的共轭函数，积分 $\int_{0+}^{\pi}$ 表示柯西－勒贝格积分 $\lim_{\varepsilon\to 0+}\int_{\varepsilon}^{\pi}$。②假如 f 是平方可积函数，那么对几乎所有的 x，积分

$$\int_{0+}^{\pi}\frac{\tilde{f}(x+t)-\tilde{f}(x-\mathrm{t})}{t}\,\mathrm{d}t \tag{3}$$

是存在的，且为有限值。

考虑到 $n\to\infty$ 时，$\cos nx$ 在 $[0, 2\pi]$ 上取正值和负值的机会相等，卢津由此猜想，对于平方可积函数，从（3）的几乎处处有限性，很可能导致（2）的几乎处处成立，从而便有平方可积函数的傅里叶级数的几乎处处收敛性。

卢津猜想的发表，引起了世界上许多一流数学家的关注。在长达 53 年的数学发展史中，这个猜想既不能被证实，也无法被否定。但围绕着它，出现了正、负两方面研究的若干重要成果。1923 年，柯尔莫哥洛夫（A.N.Kolmogoroff）构造了一个可积函数，它的傅里叶级数几乎处处发散。1926 年，柯氏又发现了傅里叶级数处处发散的可积函数的例子。但由于上述两个函数都不是平方可积的，它们不能用来否定卢津猜想。从正面来接近卢津猜想的，则有柯尔莫哥洛夫以及普莱斯纳（A.Plessner）的研究，他们把 $w(n)$ 进一步降低到 $\log n$，当然，这离卢津猜想的证实仍有很大距离。考虑到傅里叶级数（1）是由特殊的就范直交函数系 $\{1, \sin nx, \cos nx\}$ $(n=1, 2, \cdots)$ 所组成，人们自然会问：卢津猜想对于一般的就范直交函数系 $\{\varphi_n(x)\}$ 所成的傅里叶级数是否也成立？这就要从更高的层次去研究卢津猜想。以下是关于这个问题的最重要的研究成果：

定理 A（H.Rademacher，1922①）：若 $\{\varphi_n(x)\}$ 是 $[0, 1]$ 上的就范直交函数系，且 $\sum c_n^2(\ln n)^2<\infty$，则级数 $\sum c_n\varphi_n(x)$ 在 $[0, 1]$ 上几乎处处收敛。

定理 B（D.E.Menchoff，1926②）：若 $\sum c_n^2(\ln\ln n)^2<\infty$，则傅里叶级数 $\sum c_n\varphi_n(x)$ 的算术平均几乎处处收敛。

定理 C（S.Borgen，1927③；S.Kaczmarz，1927④ 独立发现）：若 $\sum c_n^2(\ln\ln n)^2<\infty$，则 $\sum c_n\varphi_n(x)$ 的部分和 $S_n(x)$ 的子列 $S_{2^k}(x)$ 几乎处处收敛。

定理 D（陈建功，1928⑤）：定理 A，定理 B 和定理 C 都是等价的。

这就是说，就范直交函数级数的几乎处处收敛问题和它的算术平均以及子列 $S_{2^k}(x)$ 的几乎处处收敛问题，不仅有着密切的内在联系，而且实际上是完全

---

① H.Rademacher. Einige Sätze über Reihen von Allgemeinen Orthogonalfunktionen [J]. Math.Ann., 1922 (87): 112-138.

② D. Menchoff.Surles Séries des Fonctions Orthogonales [J]. Fundamenta Mathematicae, 1926(8): 56-108.

③ S.Borgen. Probability Theory [J]. Math. Ann. 1927(98): 125-150.

④ S. Kaczmarz. Über die Summierbarkeit der Orthogonalreihen [J]. Math. Zeit. 1927(26): 99-105.

⑤ K.K. Chen. On the Series of Orthogonal Functions [J].Proc. Imp. Acad. Tokyo, 1928(4): 36-37.

等价的。换言之，陈建功教授的定理 D，指出了一般直交函数级数的卢津猜想的证实，可以从与它等价的另外一些方面去考虑，这为卢津猜想的解决，提供了新的研究方法。卢津猜想最后由瑞典数学家卡尔逊（L.Carleson）利用了十分精巧的方法，于 1966 年证明是正确的①，这是数学发展史上的一件大事。

傅里叶级数在定点的收敛与求和问题，是 20 世纪初直至 30 年代分析数学中的另一个重要研究课题。人们最初的想法很简单：希望知道函数本身的性质与傅里叶级数在定点 x_0 收敛之间的关系。19 世纪至 20 世纪初，数学家们经过研究，找到了函数的各种不同的条件（即判别法），以保证相应的傅里叶级数在定点收敛。可是，人们发现这些条件之间各有强弱。反过来也很类似，即函数 f 的傅里叶级数在某定点收敛，不能保证函数 f 在该点 x_0 具有上述各种条件。例如，连续函数的傅里叶级数可以在某定点发散，因此函数的连续性不足以保证它的傅里叶级数在该点收敛；反过来，函数的连续性也并非傅里叶级数收敛的必要条件，因为有界变差函数的傅里叶级数是处处收敛的，但它可以具有不连续点。数学，作为一门自然科学，要去找出刻画傅里叶级数在定点收敛的充要条件，是一个很有意义，可同时也是很困难的问题。陈建功教授对此做出了重要贡献。② 他证明了如下的定理。

定理 E　f 的傅里叶级数在定点 x_0 收敛于 $f(x_0)$ 的充要条件为

(i) $\varphi_2(t)$ 存在且满足 $\varphi_2(t) \to 0\ (t \to 0)$；

(ii) $n\int_0^\pi \varphi_1(t)\cos nt\,\mathrm{d}t \to 0\ (n \to \infty)$。

其中 $\varphi_1(t)$ 和 $\varphi_2(t)$ 分别为 f 的一次平均和二次平均函数。

陈建功教授在三角级数的绝对收敛与绝对求和方面也做出了奠基性的贡献。1928 年，他证明了三角级数绝对收敛的充要条件是该三角函数为杨（Young）的连续函数的傅里叶级数。这里所谓杨的连续函数是指存在平方可积函数的周期函数 f_1 和 f_2，使得

$$f(x) = \frac{1}{\pi}\int_{-\pi}^{\pi} f_1(\zeta)\,f_2(x+\zeta)\,\mathrm{d}\zeta\ 。$$

① L. Carleson,. On Convergence and Growth of Partial Sums of Fourier Series [J]. Acta. Math, 1966(116): 135-157.

② K.K. Chen.On Hardy-Littlewood's Summability Theorem for Fourier Serire [J]. Tôhoku Math. J., 1930(32): 265-285.

陈教授的此项研究成果当时发表在日本《帝国科学院院刊》(*Proc. Imp. Acad. Tôkyo*)上[①]，而英国的著名数学家哈代(G.H.Hardy)与李特尔伍德(J.E.Lit-tlewood)同年也在德国《数学时报》(*Math. Zeit*)上独立地发表了相同的结果[②]。这个在西方以"哈代－李特尔伍德"命名的重要定理，应当改称为"陈－哈代－李特尔伍德定理"，以还历史的真实性。

关于傅里叶级数的 (C,α) 求和问题，陈教授于1944年证明[③]，设 $f\in L(0,2\pi)$ 且以 2π 为周期，又设 $\psi_x(t)=\frac{1}{2}\{f(x+t)-f(x-t)\}$，$p>1$，$0<k<1$。若对 x 有实数 q 使得 $q+pk>1$，且当 $h\to 0+$ 时，

$$\int_0^{\pi}|\psi_x(t+h)-\psi_x(t-h)|^p t^{-q}\,\mathrm{d}t=O(h^{pk}),$$

则当 $\alpha>\max(\frac{1}{2}-k,\ \frac{1}{p}-k)$ 时，f 的傅里叶级数在点 x 可以绝对 (C,α) 求和，也可以 (C,β) 求和，其中 $\beta>-k$。作为特例，当 $q=0$，$p<2$ 时，它推广了哈代－李特尔伍德1928年的相应结果；而当 $q=0$，$p>2$，$\frac{1}{2}\geqslant k>\frac{1}{p}$ 时，它即为周鸿经1937年的定理[④]。

陈建功教授在傅里叶级数绝对求和等问题方面也做出了很多贡献。设 $\alpha>0$，$0\leqslant t\leqslant\pi$，

$$[\varphi(t)]_\alpha=\frac{\Gamma(\alpha+1)}{t^\alpha\Gamma(\alpha)}\int_0^t(t-u)^{\alpha-1}\varphi(u)\,\mathrm{d}u$$

为 $\varphi_x(t)=f(x+t)+f(x-t)$ 的 α 阶平均值函数。假如 $[\varphi(t)]_\alpha$ 在 $[0,\pi]$ 上是有界变差的，则当 $\beta>\alpha$ 时，f 的傅里叶级数在 x 处可 β 阶蔡查罗绝对求和。这是博桑奎(L.S.Bosanquet)所证明的，并且还有一定形式的逆命题。考虑到有界变差函数的傅里叶级数只能是 $O(1/n)$，且其傅里叶级数未必绝对收敛，陈建功教授

---

① K.K. Chen. On the Class of Functions with Absolutely Convergent Fourier Series [J]. Proc. Imp. Acad. Tokyo, 1928(4): 517-520.

② G.H.Hardy, J.E.Littlewood.Some Properties of Fractional Integrals.I. [J].Mathematische Zeitschrift. 1928, 27(1). 565-606.

③ K.K. Chen. On the absolute Cesaro summability of negative order for a Fourier serier at a given point [J]. Amcr J Math, 1944(66): 299-312.

④ H.C. Chow. Note on the Absolute Cesáro Summability of Power Series [J]. Proc. London Math. Soc., 1937(43): 484-489.

证明了如下的结果[①]：假如 $[\varphi(t)]_\alpha$ $(\alpha > 0,\ 0 \leqslant t \leqslant \pi)$ 是有界变差的，则

$$\sigma_n^\alpha(f, x) - \sigma_{n-1}^\alpha(f, x) = o(\frac{1}{n})$$

其中 $\sigma_n^\alpha(f, x)$ 表示 f 的傅里叶级数的 α 阶蔡查罗平均。此外，若 f 的傅里叶级数在点 x 处 $\alpha(>-1/2)$ 阶蔡查罗绝对可求和，并且 $\int_{0+}^{1} t^{-\lambda}\varphi(t)\,\mathrm{d}t$ 存在 $(\lambda < 1-\alpha)$，那么函数 $t^{\lambda+\varepsilon}[t^{-\lambda}\varphi(t)]_{1+\alpha}$ 在 $[0,\ \pi]$ 上是有界变差的。作为这个定理的应用，陈教授建立了傅里叶级数一种新的逐项积分定理：设 A_n 为 $\varphi(t)$ 的傅里叶系数，如果 $\sum A_n$ 可 α 阶绝对蔡查罗求和，并且 $\int_{0+}^{\pi}\varphi(t)\,t^{-\lambda}\,\mathrm{d}t$ 存在，那么等式

$$\int_{0+}^{\pi}\varphi(t)g(t)\,t^{-\lambda}\,\mathrm{d}t = \sum \mathrm{A}_n\int_{0}^{\pi} g(t)\,t^{-\lambda}\cos nt\,\mathrm{d}t \quad (\lambda < 1)$$

对于 $[0,\ \pi]$ 上的任一解析函数 $g(t)$ 均成立。

陈建功教授在复变函数论方面，也做出了重大贡献，特别是对单叶函数论的研究。自 20 世纪 20 年代以来，比伯巴赫猜想（Bieberbach Conjecture）是单叶函数论的中心课题。1916 年，比伯巴赫提出了如下的猜想：设 S 是单位圆内如下形式的单叶解析函数 $f(z) = z + a_2z^2 + a_3z^3 + \cdots$ 的全体。若 $f \in S$，则 $|a_n| \leqslant n$，等号成立仅限于柯贝（Koebe）函数 $K(z) = z/(1-z)^2$ 及其旋转 $\mathrm{e}^{-i\varphi}K(\mathrm{e}^{i\varphi}z)$。当年，比伯巴赫本人利用面积原理证明了 $|a_2| \leqslant 2$。此后，将近 70 年，许多著名数学家致力于证明这项猜想，由此所引出的问题成为复变函数几何理论中的重要课题。直到 1984 年，布朗基（L.de Branges）才完全证实了这个猜想。[②] 陈建功教授于 1933 年考虑了 S 的某个子类中函数系数的估计问题。设 $f \in S$，且满足 $f(\mathrm{e}^{i(2\pi/k)}z) = \mathrm{e}^{i(2\pi/k)}f(z)$，称 f 为 k 次对称函数，并记为 $f \in S_k$。李特尔伍德证明 $f \in S_2$ 时，存在常数 M，使得 $|a_n| < M$。陈建功教授将此推广，证得[③]：若 $f \in S_k$，则 $n^{(k-2)/k}|a_n| < \mathrm{e}^k(n = 1,\ 2,\ \cdots;\ k = 2,\ 3)$，还指出上述系数估计之增长阶是精确的。假如 $f \in S_k$，且 $zf'(z)$ 在单位圆内是 p 叶的，则有 $n^{(k-2)/k}|a_n| < pe^{1/k}(k,\ n = 1,\ 2,\ \cdots)$。

陈教授对复变函数逼近论的贡献，是他研究法巴（Faber）级数对函数的

① 陈建功 . 富理埃级数蔡查罗绝对可求和的一些结果 [J]. 杭州大学学报 (自然科学版), 1964, 1(4): 1−28.

② L.de. Branges, A Proof of the Bieberbach Conjecture[J]. Acta. Math. 1985(154): 137-152.

③ K.K. Chen. On the Theory of Schlicht Functions [J].Proc. Imp. Acad.1933(9): 465-467.

逼近[①]。设 D 是复平面上的有界域，其边界 Γ 为简单闭曲线，f 在 D 内解析，在 $D\cup\Gamma$ 上连续，$\sigma_n(\gamma)(f, z)$ 为 f 之法巴级数的 γ 阶 n 次蔡查罗平均，则在一定条件下有如下的逼近度：

$$\left|f(z)-\sigma_n^{(\gamma)}(f, z)\right|< c_\gamma\,\omega\left(f, \frac{1}{n}\right) \quad (\gamma > 0)$$

此项成果改进了原有 $\gamma = 1$ 的已知结果。此外，陈建功教授在拟似共形映照理论、椭圆型偏微分方程组方面都做出了重要的贡献。

作为一名著名数学家，陈建功教授早在20世纪30年代，就由于他的卓越贡献在国内外享有极高的声誉。陈建功教授又是一位杰出的教育家，他为祖国培养了一大批卓有成就的数学家与数学工作者。早在20世纪20年代末，陈建功教授就选择了以当时而论条件设备较差的刚刚开办不久的浙江大学，作为他培养人才的教学基地。陈建功教授与苏步青教授一起，高瞻远瞩，齐心协力，艰苦奋斗，把浙江大学办成了数学研究与数学人才培养的全国最重要的基地之一。陈建功教授和苏步青教授所倡导的当时被称为“数学研究”，而现在则称为“数学讨论班”的学术活动形式，被实践证明是培养青年教师和学生进行数学教学和研究的一种非常有效的方法。陈建功教授对于教学和科研，有一句名言，那就是：要教好书必须搞科学研究；反过来，不教书，就培养不出人才，科学研究也就无法开展。陈建功教授就是这样以身作则、身体力行的。陈建功教授毕生从事教育工作，不遗余力，前后长达半个多世纪。陈教授总是将最新科研成果充实到教材中去。例如他在教级数概论这门课时，就把当时的最新成果——各种求和法教给学生了。许多当年聆听过陈教授这门课的学生，都被陈教授教学上不断进取、精益求精的精神所深深感动。又例如陈教授撰写的《实函数论》（1958年由科学出版社出版），就是他以从1924年起先后在武昌大学、浙江大学、复旦大学讲课的讲义为底稿，经过多次修改增删而形成的一本既是大学教材，又具有特色的专著。

陈建功教授于20世纪50年代末，调任杭州大学副校长。虽然年近古稀，各种行政工作又多，但他在倡导开展科学研究、提高杭州大学的学术水平和培养高质量的人才等方面仍竭尽全力，做出了巨大的贡献。杭州大学的建设与发

① 陈建功. 具有极光滑的境界曲线之区域上的解析函数用它的法巴级数之蔡查罗平均数均匀地来迫近它 [J]. 复旦大学学报（自然科学版），1956(2): 89−124.

展，与陈建功教授的贡献是密切相关的。陈教授不顾年老体弱，每星期还给研究生和青年教师上课三次，指导研究方向。陈建功教授的光辉业绩将永远记载在我国现代数学的发展史中。

第四节　学术交流，誉满全球

陈建功院士参加过国内外许多方面的学术交流，比如，除了参加国内每年举行的函数论专题学术研讨会和中国数学会理事代表大会，早期在日本留学时就开展学术交流，还在美国普林斯顿研究所进行为期 1 年的访问交流。新中国成立后，因为发现俄文版的数学书刊数量极为可观，已 56 岁的陈建功开始自学俄文。经过一年的刻苦努力，陈建功初步掌握俄文，开始阅览和检索俄文版数学书刊和资料，并先后到苏联、罗马尼亚等国出席全苏数学大会和罗马尼亚数学会议，进行学术交流与参观访问。这不仅展示了新中国的数学研究成果，而且促进了国际数学合作与学术交流，获得了国际同行的赞誉。以下是陈建功具体参加的学术交流介绍。

一、参加国际学术交流

1956 年，陈建功同苏步青、华罗庚、吴文俊、程民德组成中国数学家代表团，应邀赴苏联和罗马尼亚参加数学会议并参观访问，陈建功在会议上介绍了中国的数学研究成果，受到与会数学家们的热烈欢迎。

1956 年陈建功先生作为中国数学代表团团长在罗马尼亚国际数学大会上致辞

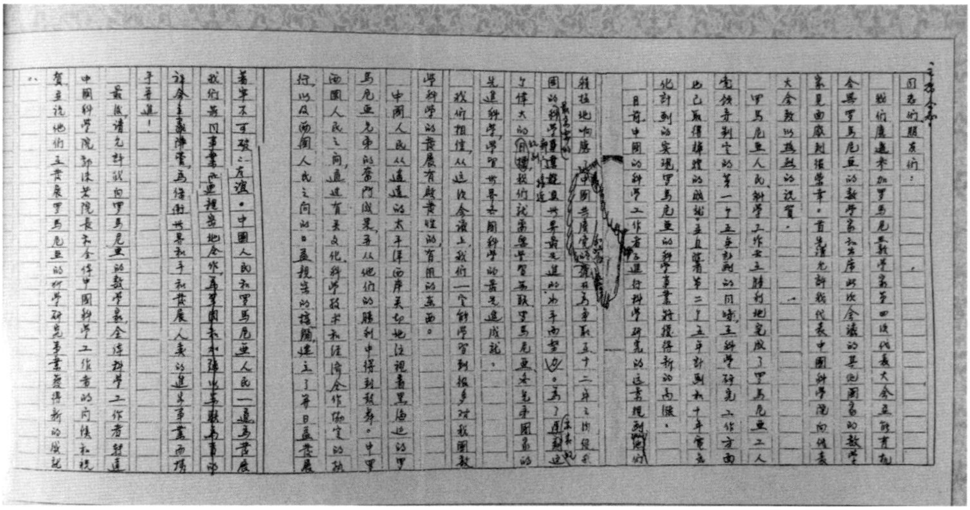

陈建功先生在罗马尼亚数学大会上的致辞手稿

陈建功先生作为中国数学代表团团长在罗马尼亚国际数学大会上致辞如下：

主席同志，同志们、朋友们：

我们对应邀参加罗马尼亚数学家第四次代表大会，并能有机会与罗马尼亚的数学家和出席此次会议的其他国家的数学家见面，感到很荣幸。首先，请允许我代表中国科学院向代表大会致以热烈的祝贺。

罗马尼亚人民科学工作者在胜利地完成了罗马尼亚工人党领导制定的第一个五年计划的目标时，在科学研究工作方面也已取得辉煌的成就。并且随着第二个五年计划和十年电气化计划的实现，罗马尼亚的科学事业将获得新的高涨。

目前，中国的科学工作者正进行科学研究的远景计划，他们积极地响应了中国共产党和政府的号召为争取在十二年之内使我国的最急需的科学部门接近世界最先进的水平而努力。为了实现这个伟大的规划，我们就需要学习苏联、罗马尼亚及各兄弟国家的先进科学，学习世界各国科学的最先进成就。

我们相信，从这次会议上，我们一定能学习到很多对我国数学科学的发展有启发性的、有用的东西。

中国人民从遥远的太平洋西岸关切地注视着黑海边的罗马尼亚兄弟的奋斗成果，并从他们的胜利中得到鼓舞。中罗两国的人民之间，通过有关文化、科学技术和经济合作协定的执行，以及日益亲密的接触，建立了并日益发展着牢不可破的友谊。中国人民和罗马尼亚人民一道，为发展我们共同事业而更亲密地合作，为保卫世界和平和发展人类的进步事业而携手并进！

最后请允许我向罗马尼亚的数学家、全体科学工作者转达中国科学院郭沫若院长和全体中国科学工作者的问候和祝贺，并祝他们在发展罗马尼亚的科学研究事业获得新的成就。

二、参加国内学术会议

1960 年 2 月，在上海召开的中国数学会理事代表会议上，中国数学会副理事长陈建功先生做了《数学与数学发展的纲》的发言报告。报告指明了新中国的数学研究方向及有关时代急需解决的五类数学发展问题，得到了与会代表高度认可，同时推进了我国数学问题的解决与应用创新。

数学与数学发展的纲

（一）数学

数学是研究现实世界中空间形式和量的关系的科学，由于空间形式和量的关系普遍存在于现实世界的各种现象中，研究这些现象就不可能脱离数学，因此数学的应用非常广泛。同时，由于数学着重研究现实世界中的空间形式和量的关系，在研究过程中，常暂时撇开事物的其他性质，所以数学具有高度的抽象性。这种抽象乃是为了使我们能够更细致、更深入、更好地认识客观世界。因此，数学的高度抽象性和应用的广泛性这两个特点，是辩证统一的，不应该把它们割裂开来看。

从马克思主义者来看，问题不仅在于认识世界，而且更重要的在于改造世界。因此，研究数学本身不是目的，而是一种手段：作为用来认识世界，掌握其中规律，并进而利用这些规律来改造世界，建立幸福的社会主义社会的工具的一个组成部分，当我们谈到数学发展的方向时，我们必须注意它的目的性。因此，党的理论与实际相结合，科学工作为无产阶级政治服务的方针，为我国当前数学的发展指出唯一正确的道路。

具体地说来，我们既要解决社会主义生产实际中直接提出来的数学问题，也要配合各种科学技术的发展来发展数学，目的仍然是为社会主义建设服务。目前实际需要中提出的问题是很多的，而首先是各种工程技术，特别是尖端技术和重大工程都要用深奥的数学知识和方法，数学在现代自然科学研究中起着越来越重要的作用，尤其是现代物理学关于微观世界的研究，如果没有现代数学就不可能有前进。近年来，数学在国民经济中开始起直接的作用，特别在我国社会主义计划经济的条件下，以马克思列宁主义来指导，选用数学方法来解决国民经济中一些带技术性的问题，乃是大有可为的。在这些方面提出的实际问题中，往往要求出数值，计算出数值的答案来，因此我国数学工作者也面临着大量的计算任务。现代计算技术的发展更大大地增加了这方面的任务。

（二）数学发展的纲

中国数学会以下列五个方面的问题作为数学发展的纲：

1. 尖端技术和重大工程中的数学问题。例如原子能技术、星际航行、高速飞行、无线电子技术、大型工程（水利建筑）、大型机器制造等方面的问题。

2. 自动化中的数学问题。例如电子计算机、逻辑化、自动控制和遥控、电模拟、大型电子系统通讯技术、高级神经控制、机器翻译等方面的数学问题。

3. 现代物理学中的数学问题。这涉及原子核理论、基本粒子理论、固体电子理论等方面的数学问题。

4. 国民经济中的数学问题。例如工业合理布局、水库综合利用、交通运输、物资调拨、公共事业、工农业生产过程中的数学问题。

5. 大量计算的任务。主要是高效率地使用现代计算技术设备来从事大量数值计算，解决生产实际提出的各种实际数学问题。

数学内部有众多的学科，但它本身又是有机的整体。从当前实际需要来说，有的学科联系较多、较直接，就要看作是重点发展的；有些学科联系较少或较间接，就要当作一般发展的。总的说来，是以上述五个方面为纲，带动整个数学发展。

数学是一门基础学科，它是理工科教育中的一个重要环节。随着我国技术革新、技术革命的飞速发展，我们必须提高我国的数学教育水平。

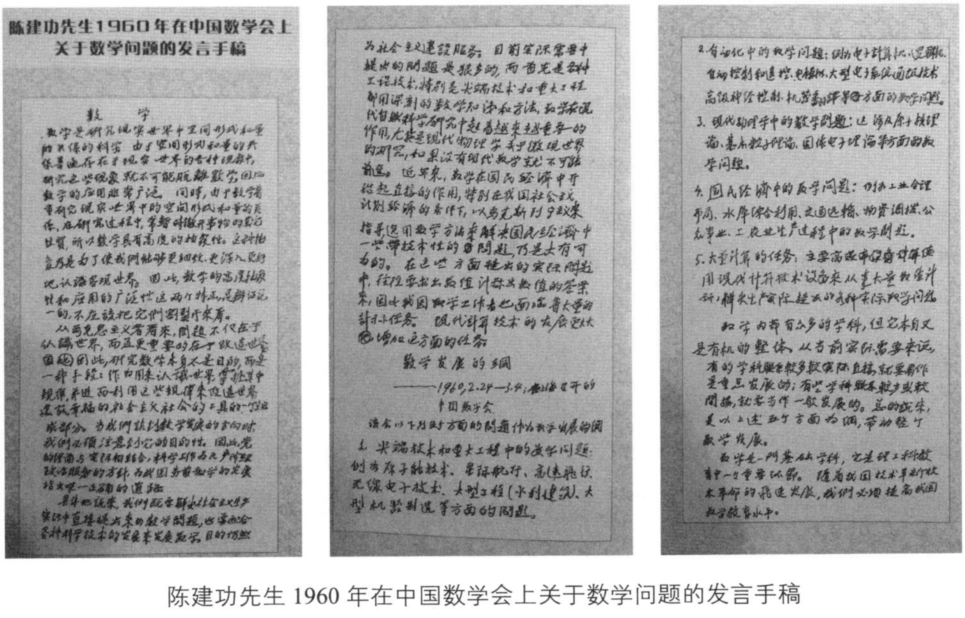

陈建功先生 1960 年在中国数学会上关于数学问题的发言手稿

第三章　陈建功的数学教育理论与教育贡献

19 世纪末 20 世纪初，中国一步步陷入殖民地半殖民地的深渊，救亡图存迫在眉睫。中华民族的仁人志士，前仆后继，不断探求救国救民、科学兴国的真理。当时的中国主张选拔聪颖学生出国留学，希望他们努力掌握外国的先进科学知识与技术，回国后以科学兴邦、实业救国等办法，让中国富强起来。数学家陈建功历经时代变迁，深受越文化和新文化思想熏陶，崇尚科学兴国，三渡日本求学获得理学博士学位，后毅然回国选择创办不久的浙江大学，由此开启 40 多年的数学研究和数学教育工作。

第一节　陈建功的教育思想起源与数学教育理论

一、陈建功的教育思想起源

数学教育是数学家与教育家共同努力的产物。国内外既是数学学术权威，又精通教育理论的人不多，陈建功就是其中之一。陈建功的教育思想形成与越文化熏陶、新文化思想、求学教学经历等有着极深的渊源。

1893 年 9 月 8 日生于浙江绍兴府城里的陈建功，5 岁的时候就开始附读于邻家私塾，1905 年进入山阴县学堂（1902 年由绍兴蕺山书院改名为山阴县学堂）学习。由于从小就读私塾，深受越文化的熏陶，崇尚“慎独诚意”的蕺山学派思想。1909 年又考入绍兴府学堂。由于当时清朝学制变更，1910 年他进入浙江两级师范学堂求学。3 年师范教育的技能培养，让他熟悉教学之道，洞悉国内外科学发展概况，并深受经亨颐（1877—1938）“与时俱进”“适应新潮流”的新文化的熏陶，崇尚“开拓创新”的先进教育思想。1913 年师范毕业后，陈建功努力考取官费留学日本深造名额，先后毕业于东京高等工业学校和东京物理学校[①]。1919 年学成回国后任教于浙江甲种工业学校[②]。1920 年因学校人才培养需要，陈建功再度来到日本，考入东北帝国大学数学系开始了现代数学的学习。1923 年毕业回国，先后在浙江工业专门学校、武昌大学[③]数学系任教，并开启他的大学数学教学生涯。1926 年，深感数学知识匮乏的陈建功，第三次来到日本攻读博士，专攻三角级数论，经过 3 年的努力取得了在日本极为难得的理学博士学位。1929 年，陈建功婉言谢绝了导师挽留，毅然回到了祖国的怀抱，投入教育救国的行动。在陈建功求学与教学的 10 多年中，国内中高等教育也在不断地发展，他深受国内高等教育引领者蔡元培的新文化思想熏陶，从中不断地学习和汲取高等教育的精髓。在经过 40 多年大学教育实践的提炼和升华后，陈建功逐步完善了当时高等数学教育研究的实践路径，形成了他的数学教育理论与实践体系。

思想起源之一："慎独诚意"的越文化思想。陈建功儿时就读的山阴县学堂（原名蕺山书院）历史悠久。[④]书院是中国古代民间教育机构，最早出现在唐朝。其正式的教育制度则是由朱熹创立的，发展于宋代。书院分为两类：一种重授课、考试的考课式书院，同于官学；另一种是教学与研究相结合，各学派在此互相讲会、问难、论辩的讲会式书院。[⑤]蕺山学派思想盟主刘宗周（字念台）的心性哲学是将理学的内容注入心学体系，使客体之理变为主体之心，客观之理成为主观之意，由此统一心学和理学，其实质是以理入心，进而以理代心。其学术思想的主旨是"慎独诚意"。蕺山学派也逐渐成为明末清初最具影响力的儒家学派。陈建功曾取名"陈念台"，足见刘宗周的"慎独诚意"对他的影响之深。

思想起源之二："与时俱进，开拓创新"的先进教育思想。[⑥]陈建功就读师范时的老师经亨颐是当时著名的教育家，先后担任浙江两级师范学堂、浙江第

---

① 东京高等工业学校是东京工业大学的前身。东京物理学校是一所夜校，开设数学课程。东京物理学校是东京理科大学的前身。

② 浙江甲种工业学校是浙江省培养工业技术人才的专门学校，1920 年升格为浙江工业专门学校，后并入浙江大学。

③ 原名武昌高等师范学校，中国最早的六大著名高等师范学校之一。1923 年更名为武昌师范大学，1924 年又更名为武昌大学，1926 年组建为武昌中山大学，1928 年改组为武汉大学。

④ 王晓军．中国现代数学教育先驱陈建功 [M]. 杭州：浙江大学出版社，2019: 75.

⑤ 王晓军，陈翰馥．知行合一：陈建功的数学教育思想与治学理念 [J]. 自然辩证法通讯，2020(8): 114–119.

⑥ 王晓军．中国现代数学教育先驱陈建功 [M]. 杭州：浙江大学出版社，2019: 76.

一师范学校校长，并兼任浙江省教育会会长。经亨颐从教30余年，广采博引国内外先进教育思想，一贯主张“与时俱进”“适应新潮流”的办学方针，提倡人格教育。师长的思想对陈建功影响颇深，甚至影响了他未来学习、工作的发展和选择。他觉得无论科学和实业都需要以数学为基础，要振兴我国的科学和实业首先要振兴我国的数学。凡受业于他的人都知道他一贯重视数学基础理论的研究，重视数学教育事业，并且身体力行贡献出他毕生的精力。

思想起源之三：“兼容并包，思想自由”的新文化思想。① 同为绍兴乡贤的蔡元培是中国近现代伟大的民主革命家、教育家、科学家。他从思想学术上为国人开辟了新潮流，冲破了几千年的旧有习俗。他的“兼容并包，思想自由”思想，使得新文化有了立足之地，科学民主有了传播土壤。蔡元培在中国的地位与影响超越了时代和阶级，极大地影响了中国历史发展的进程。他是中国现代大学理念精神的缔造者与实践者。蔡元培就任北大校长在开学式时就提出了“大学者，研究高深学问者也”“大学为纯粹研究学问之机关，不可视为养成资格之所，亦不可视为贩卖知识之所”的观点，把大学定位为纯粹研究学问的机关。同样从事高等教育的陈建功，汲取蔡元培的现代大学教育理念，在高等教育这片热土上努力践行着、思索着。

二、陈建功的数学教育思想

在阅读《二十世纪的数学教育》《中国现代数学教育先驱陈建功》《知行合一：陈建功的数学教育思想和治学理念》等著作和论文时，我们不难发现陈建功的数学教育思想。陈建功主张的数学教育原则有三条：**实用性原则、论理的原则、心理的原则**；主张教学与科研是相辅相成的，坚持“学贵讲，尤贵行”的治学理念。他的治学理念主要表现在四个方面：科学兴国，坚守诚意；教学相长，知行合一；与时俱进，应用创新；因材施教，注重心理。②

（一）数学教育三原则：实用性原则、论理的原则、心理的原则

陈建功的教育思想继承了越文化的蕺山学派思想（主张“为学不在虚知，

① 王晓军 . 中国现代数学教育先驱陈建功 [M]. 杭州：浙江大学出版社 , 2019：77.

② 王晓军 , 陈翰馥 . 知行合一：陈建功的数学教育思想与治学理念 [J]. 自然辩证法通讯 , 2020(8)：114–119.

要归实践”“慎独诚意”“心性哲学即将理学的内容注入心学体系之中，使客体之理变为主体之心，客观之理成为主观之意，由此统一心学和理学，其实质是以理入心，进而以理代心”“顺应学生即因材施教”），“兼容并包，思想自由”的新文化思想，“与时俱进，开拓创新”的先进教育思想，在40多年的数学教育实践中逐步形成了他的数学教育理论与实践体系。陈建功对数学教育的研究非常深入，不仅关注国内数学教育的发展，而且洞悉世界各国的数学教育前沿。借鉴国外的数学教育，他主张的数学教育原则有三条：实用性原则、论理的原则、心理的原则。首先，数学在日常生活中具有实用价值，如计算容量、体积，做买卖，买保险等，都离不开数学的应用。对于宏观与微观的自然现象、社会科学、生产技术等的理解与研究，更离不开现代数学的应用。著名的数学教育家弗赖登塔尔也同样认为数学教育是现实、数学化、再创造的过程。其次，数学教育是由特殊的方法和观念组成的有系统的体系。如果仅仅把数学看作是公式采编或图形集成，忽视数学原有的方法和构造，那么数学教育就失去了意义。更有甚者将数学机械地乱用，重复作业，阻碍了学生学习的兴趣。当下我国中学数学课程标准明确提出在数学学习中应培养六大核心素养，其中就包含了逻辑推理、数学运算、数据分析、数学建模等。最后，陈建功认为仅仅主张实用的原则、论理的原则的数学教育是不够的，教材的内容安排要循序渐进，要符合学生的心理认知发展规律。成年人所喜欢的推理论断，未成年人未必能理解和接受，因此数学教育要有心理的原则。教育者应该从学生的立场出发，顺应学生心理开展教学，这样才能符合学生求真感知的特点。数学内容的实用性或论理性价值再高，假如学生没有求真感知，那就会失去对学习的兴趣，数学教育就没有意义了。总而言之，三个原则是相互统一的。相互统一的关键在于：必须选择学生生活环境中容易接触、容易理解而且有实用价值的事物，来创设问题情境，然后引向论理的途径进行教学。

（二）主张教学与科研相辅相成，坚持“学贵讲，尤贵行”的教育治学理念

他的教育治学理念主要表现为四个方面：科学兴国，坚守诚意；教学相长，知行合一；与时俱进，应用创新；因材施教，注重心理。

首先，科学兴国，坚守诚意。陈建功自幼受刘宗周、蔡元培、经亨颐等爱国教育志士的影响，“精忠报国”的思想深扎在他幼小的心灵中。自鸦片战争以

来，中国饱受欺凌，他立志出国深造，力求科学救国。学成之后他多次放弃国外的优越条件毅然回国任教；在国家最困难之际，家国情深，毅然送子参军。这样的爱国行为在当时的浙江大学中起了模范带头作用，同学们也因此更坚定了献身祖国的意志。全力培育科研队伍，是当代科学兴国的明灯。陈建功年少求学期间，已深知科学兴国的精髓，并领悟到从整体上提高数学水平对于中国现代数学发展的重要意义。没有一支一定数量的、洞悉现代数学前沿进展的、训练有素的科研骨干队伍，是难以实现这个目标的。整整 40 年时间，陈建功为中国建设着自己的数学攻坚队伍，进而振兴中国现代数学。

其次，教学相长，知行合一。陈建功倡导的讨论班教学模式，即在讨论班教学中与青年教师、学生们一起提问、讨论、研究的方法，真正实践着教学相长的治学思想。培育工匠精神，教学注重授人以渔。陈建功提出教师不仅要做个教书匠，而且要做个出色的教书匠，认为教学与科研是相辅相成、互相促进的。如在培养研究生方面，最重要的就是培养他们独立研究的能力和独立学习的能力。留给学生深刻印象的讨论班教学模式有利于培养学生解决问题和表达交流的能力，有利于提高学生的科研能力，加强团队合作精神，真正做到了教学相长与知行合一的融合。

再次，与时俱进，应用创新。陈建功提出了“老母鸡孵小鸭”（又称“鸡孵鸭”）的方法。他把自己已经熟悉的函数论中的内容和方法比作老母鸡，要发挥其孵化作用，为开辟新的研究领域创造条件，促成新研究方向的成果早日诞生；他还把精通新研究领域的新一代数学人才比作小鸭，他要为小鸭们的孵化贡献力量。陈建功对于自己的学术研究，不是总固定在同一个领域，而是根据不同时期和不同领域的发展，带领学生开辟新的研究方向。陈建功那种能随着时间发展，随着国际上学术研究的发展，不断扩展自己的研究方向，开拓新的研究领域，不断推陈出新、与时俱进的精神，是一笔留给学生们的巨大精神财富，这种精神深深地影响了他们。

最后，因材施教，注重心理。由于数学具有抽象性、演绎性与符号语言体系等特点，陈建功对数学教育提出了心理的原则。他认为“教材的内容，对于学生宜富于兴趣；枯燥无味的东西，决不能充作教材……应该站在学生的立场，顺应学生的心理发展去教育学生，才能满足他们的真实感”。陈建功提出数学教育一定要符合学生的心理发展过程，在教材内容组织、教学计划制订、教案撰写、课堂组织等各方面符合学生的心理发展要求，注意学生的心理变化、知识结构与接受能力，用合理的方式揭示抽象的数学思想，变枯燥无味为生动有趣。他认为只有这样，才能让学生克服对数学的畏难情绪，从而产生好的教学效果。同时他在《二十世纪的数学教育》中指出：支配数学教育的目标、材料和方法，有三大原则：实用性原则、论理的原则和心理的原则。这些教育理念直到今天也有很好的启示作用。

综上可知，陈建功始终主张教学与科研是相辅相成的，坚守“学贵讲，尤贵行”的治学理念，这充分体现了他的教育思想是动态的知与行的和谐统一。他一生追求科学兴国，坚守诚意，在周围营造了良好的学术和生活环境。他坚守知行合一，在数学研究中主张讨论班教学模式而取得巨大成功，是教学相长的典范。他注重基础创新，不断推陈出新，凸显科学家与时俱进的精神。他因材施教，注重心理，用一颗对待数学的真心，播种出了美丽的数学硕果。①

第二节　陈建功的数学教育贡献与影响

作为一名著名数学家，陈建功早在20世纪30年代就由于卓越贡献而在国内外享有极高的声誉。陈建功又是一位杰出的教育家，他为祖国培养了一大批卓有成就的数学家与数学工作者，同时关注我国中学数学教育的发展，为振兴我国的现代数学教学，开创了留给学生深刻印象的“数学讨论班”教学研究模式。

一、振兴我国的现代数学，用中文编写教材

1929年归国之后，陈建功在浙江大学的数学课堂教学中，成为第一个用中文讲课的人。他首创用中文编写大学数学教材，用普通话教学生的教学法，这在当时是绝无仅有的。“尽管他自己懂得日、英、德、法、俄等国语言，但他始终坚持中国人用中国语言进行教学和科研，这种爱国主义的精神是永远值得我们学习的。”这是近代数学家苏步青在《陈建功文集》序言中着重提到的。陈建

① 王晓军，陈翰馥．知行合一：陈建功的数学教育思想与治学理念 [J]. 自然辩证法通讯，2020(8): 114-119.

功认为，要振兴我国的现代数学，必须从提高教学质量入手。陈建功的教学任务繁重，他不仅要指导高年级学生的数学研究，还要给各年级的学生讲授高等微积分、级数概论、实函数论等多门课程，当时高等微积分有相应的教学用书，另外几门课却没有合适的教学用书，功底深厚的陈建功都是通过自编讲义进行授课的。例如1935年他编写的《级数概论》讲义教材，20年后的浙大仍用作青年教师进修的教材；他编写的《实函数论》讲义使用了近30年，是他多年讲学的结晶；《实函数论》教材于1958年正式出版，成为国内各大学数学系必备的教材或参考书；1950年起全面学习苏联，陈建功发现苏联的函数论研究非常深入，就将函数论大师戈鲁辛的名著《复变函数的几何理论》的俄文版，翻译成中文版；1964年出版了中文版的《三角级数论》（上册），这是在他的日文著作《三角级数论》基础上翻译过来的，并补充了最新成果，内容更加丰富多彩。陈建功对数学名词统一译名的工作也很重视。当时，中文的现代数学文献几乎没有，中文数学名词的概念非常需要系统地加以规范，1934年，由陈建功、何鲁等15人组成委员会进行数学名词审订工作，终于在1938年出版了我国第一部统一数学名词的《算学名词汇编》。

二、对我国中学数学教育的发展有着深远影响

陈建功出任浙江大学数学系教授兼系主任后，主要从事高等数学教学与研究工作，同时也关心中学数学教育工作，对中学的数学教材建设十分重视。1930年上海开明书店创办的《中学生》出版后，他便发表《数学与天才》《再谈完全数》等文。前文针对当时社会上许多人持有的“数学是专配‘天才’学的东西”的观点，以大量实例予以驳斥，以消除这种“天才论”对中学生的影响。1932年《高级中学算学课程标准》颁布后，开明书店准备出版适用于新学制标准的教科书，需物色作者。当时陈建功已是知名数学家，开明书店便将他作为高中数学教科书的作者人选。而陈建功受过完整而良好的中等、高等教育，对于高中数学教学与大学数学教学的密切关系，尤其数学教科书在高中数学教学中的重要性，也有充分的认识。正是在这样的背景下，陈建功分别与毛路真、郦福绵合编了《高中代数学》《高中几何学》，相继于1933年11月、1935年1月出版。而他在浙江大学数学系教学任务繁重，则可能是他与毛路真、郦福绵

合作的原因。这两本教科书参照 1932 年颁布的《高级中学算学课程标准》，主要借鉴流行的美、英等国数学教材编撰而成。《高中代数学》大量内容取材于《范氏大代数》，以及霍尔、奈特合著的《大代数》。《高中几何学》多取材于史密斯修订的温德华士《平面和立体几何学》，以及舒塞司、塞未诺克合著，斯凯勒修订的《平面和立体几何学》。但这两本教科书并非简单地照搬或拼凑，在篇章结构和某些章节内容安排上与所借鉴的教材差异较大，并独具特色。这两本教科书出版后都重印十余次，流传广泛，在中学教师、学者中产生了积极的反响。直至 1952 年全国在学习苏联教材的基础上编写了统一的中学数学教科书后，它们才被淘汰。它们的出版是处于中小学教育变革中的中国在自主编撰高中数学教科书方面向美、英等国的学习和借鉴，解决了《高级中学算学课程标准》颁布后，高中急需相应数学教科书的困难。从更深的层次看，它们的编撰是国人借鉴国外数学教材，打造适合新课程标准的高中数学教科书的一次成功尝试，促进了近代中国高中数学教科书的本土化。① 这些都奠定了这两本教科书在民国同类教科书中的重要地位。在 20 世纪三四十年代，这对提高我国中学数学教育质量有着深远影响。

三、留给学生深刻印象的“数学讨论班”教学研究模式

教与学是相互促进的，在教学过程中，应特别注重师生互动。陈建功深受越文化的熏陶，汲取了书院教育的精髓（书院的教育形式是各学派在此互相讲会、问难、论辩的讲会式教学）。自 1931 年起，陈建功与苏步青在浙江大学数学系高年级开展数学研究，即讨论班教学研究模式，用来培养学生的独立思考和研究创新能力。这种数学讨论班在中国可谓首创。陈建功对数学讨论班有种种规定，其中一条是：大学生读完 4 年课程，若成绩虽好，但讨论班报告不及格，就不能毕业。讨论班一周开设一次，风雨无阻，大家轮流报告，如果报告不出来就得“站黑板”。而陈建功总是让学生自己想，有时他也会针对学生的报告提一些启发性的问题，但不会回答任何具体问题。报告若没通过，下一次的讨论班就要重新报告，直到通过为止。这样的严格要求其实是陈建功的一片良苦用心，他希望自己的学生通过这样的严格训练，一字一句地推导论文，在彻

① 郭金海．陈建功与高中数学教科书的编撰 [J]. 自然科学史研究，2017, 36(1): 76–85.

底读懂、读通论文的基础上更好地进行研究工作。后来讨论班教学研究模式被推广，在浙江大学、复旦大学和杭州大学，乃至全国高校都得以蓬勃发展。讨论班教学研究模式的实施，开拓了学生学习基础数学的方法，开阔了学生的研究视野，从而让数学教学活动变得丰富，让枯燥的数学教学变得有趣味，也促进了课堂互动教学，培养了学生学习的自信心，调动了学生学习的积极性。在讨论过程中，同学们学会了学习方法，锻炼了讲解思辨能力，积累了实践性研究知识，接触了当时最富有挑战性的研究课题，更重要的是，同学们在攻克难关的实战中受到了创新思想的影响，思维也得到了启发与创新。这种别具一格的教育模式得到了师生们的积极响应，还得到了校方的高度重视。讨论班教学研究模式的开展大大提高了学生的科研能力，也有利于培养学生解决问题的能力和交流表达能力，真正做到了知行合一与教学相长的融合。

四、创建三个函数论研究基地

陈建功历经 40 多年的函数论研究，建立了三个全国函数论研究基地——浙江大学函数论研究基地、复旦大学函数论研究基地、杭州大学函数论研究基地。

浙江大学的数学团队。浙江大学是一所有超过 120 年历史、声誉卓著的高等学府。1928 年，学校定名国立浙江大学，并正式设立数学系，从此，浙大数学研究走上历史舞台，在我国数学发展史上谱写了华丽动人的篇章。无论是在民族危亡的年代，还是在国富民强的盛世，无论是在江南繁华之地，还是在西南艰苦之乡，浙大数学人都沐风栉雨、薪火相传，始终坚持以顽强的精神探求科学的真谛，弦诵一日未绝，学脉一日未断。著名数学家陈建功和苏步青创立的“陈苏学派”（又称浙大学派），是我国数学人才培养，科学研究，学科建设较为典型的代表之一。浙大数学人秉承“求是创新”校训，砥砺耕耘，始终不忘初心，与民族同呼吸共命运，始终追求“以天下为己任，以真理为依归”的精神，树立了一座座科学丰碑。浙大数学团队培养出如程民德、卢庆骏、徐瑞云、越民义、杨忠道、周元燊、张鸣镛、谷超豪、夏道行、龚昇、王元、石钟慈、郭竹瑞、董光昌等一大批优秀学子。这些灿若星辰的名字，是全体浙大数学人的骄傲。

1934 年浙江大学数学系师生合影
前排右五为陈建功，右六为苏步青

浙江大学数学科学学院“传承陈苏学脉，争创世界一流”标语

浙江大学数学科学学院院士墙

复旦大学的数学团队。复旦大学始创于1905年，原名复旦公学，1917年定名为复旦大学，是中国人自主创办的第一所高等院校，也是一所世界知名、国内顶尖的综合性研究型大学。1952年全国高等学校院系调整，复旦大学正式建立数学系，由原复旦大学数理系数学组，浙江大学、同济大学等校数学系合并组成。在以陈建功教授、苏步青教授为代表的老一辈数学家的带领下，复旦大学数学科学学院已发展成为一个在国际上有相当影响、在国内有显著地位的数学人才培养中心、科学研究中心和学术交流中心。复旦数学团队培养出如夏道行、龚昇、谷超豪、石钟慈、何成奇、忻鼎稼、任福尧、陈天平、张开明等一大批优秀学子。

1955 年复旦大学数学系教师合影
前排左起　孙振宪 陈传璋 黄缘芳 苏步青 郦福绵 周慕溪 陈建功 周怀衡 崔明奇 朱良璧
中　王寿如 王光淑 谷超豪 胡家赣 仇焕章 麦学贤 江福汝 夏道行 郑绍濂 许义生 叶敬棠 金福临
后　胡和生 张开明 宗月娴 孙保太 许自省 王国珍 单伯軾 黄育仁 黄烈德 陆念屹 等

杭州大学的数学团队。1958 年，以当时的浙江师范学院为基础与新建的杭州大学合并，定名杭州大学，校训为“求是育英”。而浙江师范学院是由浙江大学文、理学院的一部分，之江大学文理学院和浙江师范专科学校合并而成。1998 年同源同根的浙江大学、杭州大学、浙江农业大学、浙江医科大学四校合并，组成了新的浙江大学。杭州大学从此结束了独立发展的历史进程。1958 年陈建功被任命为杭州大学副校长，主管全校的教学工作。繁忙的行政事务，并没有阻碍陈建功对数学事业的不懈追求。在苏步青和徐瑞云、白正国的支持下，他在沪杭两地同时招收并指导研究生，还狠抓青年教师的业务进修工作。数学系在研究生和青年教师中广泛开展“读书报告”“论文答辩”“学士交流”等活动，一大批青年才俊脱颖而出，其科研成果受到了广泛的关注。杭州大学数学团队优秀学子如王斯雷、谢庭藩、王兴华、施咸亮等迅速成长为一支长于函数逼近论、调和分析和单复变函数研究的队伍，将杭州大学数学系建成为全国出色的函数论研究基地。

五、陈建功院士的高校治理与教育理念

数学家、教育家陈建功院士在各个时期都参与了高校的管理工作，取得了一些很好的成果，形成了他别具一格的教育理念。他的高校治理方式，从他的

经典语录中可以窥探一二（见表 3–1）。

担任浙江大学数学系系主任时期。浙江大学初建，陈建功回国加盟浙大，被聘为数学系系主任。他诚邀数学人才，加强教师队伍建设；首创讨论班教学研究模式，提倡教学与科研是相辅相成的。

担任台湾大学（简称台大）代理校长兼教务长时期。拥有浙大西迁经历的陈建功认为，要办好一所大学，最重要的是要有一位好校长和一支优秀的教师队伍。1945 年，陈建功受教育部委派接收台大、改造台大，担任台大代理校长兼教务长。陈建功提出，首先是教师队伍正本清源；其次是破旧立新，推行中文教材，推行普通话，革除陈规陋习。他以校为家，团结同仁，踏实工作，经过一年的苦心经营，台大面貌为之一新，真正走上中国化的轨道。一年后，陈建功又回到了浙江大学。

担任复旦大学校务委员、函数论教研室主任时期。1952 年全国高校院系调整，陈建功、苏步青连同他们的研究生夏道行、谷超豪、龚昇等一起调入复旦大学。在招收培养研究生方面，陈建功认为："培养人比写论文意义更大更重要。""科学研究的领域和方向可以不同，但进行研究的方法和手段大致是相通的。"他把这种培养研究生的方法戏称为"鸡孵鸭"。

担任杭州大学副校长时期。陈建功主管全校教学工作，主张严肃纪律，严谨治学，严于律己，不以权谋私。他主张："不从事研究的老师不是一个好老师，教学必须相长。""数学理论研究上不去，教学工作不扎扎实实地进行，为社会主义经济建设服务必然是一句空话。"

表 3–1　陈建功参与的高校治理及其教育理念

高校 / 职务	教育理念
浙江大学 / 数学系系主任	诚邀数学人才，加强教师队伍建设；首创数学研究讨论班，提倡教学与科研是相辅相成的。
台湾大学 / 代理校长、教务长	要办好一所大学，最重要的是要有一位好校长和一支优秀的教师队伍。
复旦大学 / 校务委员、函数论教研室主任	培养人比写论文意义更大更重要。科学研究的领域和方向可以不同，但进行研究的方法和手段大致是相通的。
杭州大学 / 副校长	不从事研究的老师不是一个好老师，教学必须相长。数学理论研究上不去，教学工作不扎扎实实地进行，为社会主义经济建设服务必然是一句空话。

第三节　陈建功院士的数学教育著作与论文

一、早期论文介绍:《数学与天才》《再谈完全数》

1930 年上海开明书店创办的《中学生》发刊后，为了启蒙国人学习数学，陈建功便在此刊物上发表数学教育文章《数学与天才》《再谈完全数》等。《数学与天才》针对当时社会上许多人持有的“数学是专配‘天才’学的东西”的观点，以大量实例予以驳斥，以消除这种“天才论”对中学生的影响。《再谈完全数》介绍了完全数的有趣规律，引领国人认知数学史料背景和数学探究的过程，从而启蒙国人学习数学。

论文之一:《数学与天才》(《中学生》1930 年第 2 期)[①]

许多人说:“学数学是要一种特别天资的，假如没有这种天赋的资质，要想学点数学，一定弄得劳而无功了；数学是专配‘天才’学的东西。”“天才”是怎样的一种人，我们虽然并不十分清楚，大约是指着那些一听就懂，一看就会，灵敏异常的一类人说的吧！世界上究竟有没有一听就懂，一看就会的人呢？这个问题，我们暂且不去讨论；可是有些学生，相信了上面所说的话，课堂上一回子听不懂教师所讲的数学，或是一时看不懂数学书上的理论，他们就以为“我不是天才，用功和不用功的结果是一样的，我何苦埋头案上，自寻烦恼呢！”但是作者常常想着，以为凡是经过了入学考试的学生，只要忠忠实实地去用功——书上所讲的事情，仔仔细细地去看，一遍看不懂，再看一遍，绝没有看了四五次不懂的道理；遇着问题，个个做过，今天做不到，明天再来，千万不要一个问题到手，只想了五六分钟，做不出来，就去问别人。——不但可以把学校的数学课程全部了解，并且自家还能够发生出许多疑问来呢！这类的疑问，就是创造的曙光。

我们把历史上的人物，随便举几个出来谈谈吧。阿贝尔（1）是十九世纪初叶，生在挪威国的一个青年，他在数学上的发明很多，所以无论怎样简单的数学史上，总略不去讲阿贝尔的一页。他在二十八岁的时候就死了，去年适逢他的百年祭，挪威的人民，举国若狂地来纪念他。于是乎许多人就说:“阿贝尔是

---

① 为了阅读方便，对个别字词和标点做了修改。——作者注

天才，阿贝尔是天才！”像这样无条件的赞美，我们是不可以同声相应的。推原这种赞美的动机，大约是只注意到他的伟大，和他的早死，而不注意到他所以能够成功他的伟大的缘故。阿贝尔在二十岁的时候，进了大学，便天天把欧拉（2），拉格朗日（3），勒让德（4）那些数学大家的著作来念；反复熟读的结果，就熟能生巧，发明了许多东西。因此我们可以想得到；阿贝尔的许多发明，不是从天上坠下来的，乃是他用了苦功，并且深思不倦的结果。

阿贝尔临死那一年，法国有一个青年名叫伽罗瓦（5）——巴黎高等工业学校的入学考试两次落第之后——进了巴黎师范学校（中等程度）；其第二年（1830），伽罗瓦因为参加了革命运动的缘故，入狱数月；又二年（1832），他为恋爱问题决斗一场就死。这样说来，伽罗瓦是一个活泼非凡的青年，而且在世上只有二十一年的短期，似乎在学问方面，他是一定落伍了。可是作者在学校里念书的时候，天天见到这个伽罗瓦的肖像，和牛顿（6）那些大家的肖像挂在一块儿；这分明（说明）伽罗瓦也是一位数学大家。老实说，像伽罗瓦那样的大发明（家），数学界中能有多少呢！无怪乎大凡懂一点伽罗瓦的学说的人，都说他是天才。

但是历史书上说：拉格朗日，勒让德，雅克比（7）这些数学大家的著作，伽罗瓦是常读的。要知道这些数学家的著作，是很难懂的，而且分量也是非常多的；假如没有仔仔细细地去攻钻，非但得不到一点新意见来，甚至于原著的真意也不能理清楚吧！

伽罗瓦或许比普通的人读得快一点，然而总要用一番苦功，才能达到精通的领域吧！所以我们敢说：伽罗瓦的发明，不是从天上坠下来的，乃是熟读名著和深思不倦的结果。

当伽罗瓦五岁的时候，德国产生了一位大数学家，名叫魏尔斯特拉斯（8），他做大学生的时候，并非念数学的，乃是法律科的学生，数学不过自修自修罢了；出了大学，他去当中学校的习字和体操教师；一直到了四十八岁的时候，才做到柏林大学的数学教授。为什么缘故，一个学法律的人，能够变成一个数学大家的呢？对于这个问题，只要记起他的一件轶事来，就可以明白一二了。魏尔斯特拉斯做中学教师的时候，有一天，他把早上八点钟的课忘记去上了，于是乎那学校的校长，就走进魏尔斯特拉斯的房间，去查明缺课的缘故，校长看见他正在研究数学，热心得了不得；魏尔斯特拉斯一见校长进来，他就说："莫非天已明了么？"其实他对于他的一件重要创作，第一天晚上，已经有了头绪，不知不觉就弄到天明了。魏尔斯特拉斯这样的热心研究，拼命用功，才成了数学家，难道我们一定要把"天才"的头衔加给他么？

作者的一个先生说的：他有一次在欧洲，和十几个数学家聚谈，其中有一个人说："现今的数学家，恐怕要算希尔伯特（9）为第一名了！"大家都无异议。于是又有一个人问："第二名是谁呢？"其中有一法国人说，"勒贝格（10）如何？"其中另一人起来反对，所以勒贝格的第二名，不能全体同意。一个丹麦人说："玻尔（11）如何呢？"其结果也不能得全体通过。又有一个美国人说："伯克霍夫（12）如何呢？"大家都说："伯克霍夫的数学，虽然不错，可是第二把椅子，恐怕轮不到他吧！"终于这个谈话会，没有把这个问题决定。听了这段故事，我们就可以知道："希尔伯特是当今的一位数学大家了。"可是作者还有一个先生，他有一次去见希尔伯特，希尔伯特对他说："我下星期因为要到某处去讲演一小时的数学，我预备得一个星期了。"我们试想想看，这样子的一位数学大家，去讲一个小时的数学，竟费了一个星期的预备功夫；可见希尔伯特也并不见得是一看就会一听就懂的吧！

拉拉扯扯，说得不少；读者诸君对于"数学和'天才'是有密切的关系的么？"的质问，或许能够回答它几句了吧！

（1）Niels Henrik Abel（1802 — 1829）。
（2）Leonhard Euler（1707 — 1783），瑞士人。
（3）Joseph Louis Lagrange（1736 — 1813），法国人。
（4）Adrien Marie Legendre（1752 — 1835），法国人。
（5）Evariste Galois（1811 — 1832）。
（6）Isaac Newton（1642 — 1727）。
（7）Carl Gustav Jacob Jacobi（1804 — 1851），犹太人。
（8）Karl Weierstrass（1815 — 1897）。
（9）David Hilbert（1862 — ），德国 Göttingen 大学教授。
（10）Henri Lebesgue（1875 — ），法国巴黎大学教授。
（11）Harald Bohr（1887 — ），丹麦国 Kóbenhavn 大学教授。
（12）George David Birkboff（1884 — ），美国哈佛大学教授。

數學與天才

陳建功

許多人說：「學數學是要一種特別天賦的資質，假如沒有這種天賦的資質，要想學點數學，一定弄得勞而無功了；數學是專配『天才』學的東西。」「天才」是怎樣底一種人，我們雖然並不十分清楚，大約是指着那些一聽就懂，一看就會，靈敏異常底一類人說的吧！世界上究竟有沒有一聽就懂，一看就會底人呢？這個問題，我們暫且不去討論；可是有些學生子，相信了上面所說的話，課堂上一回子聽不懂教師所講的數學，或是一時看不懂數學書上的理論，他們就以為「我不是天才，用功和不用功的結果是一樣的，我何苦埋頭案上，自尋煩惱呢！」但是作者常常想着，以為凡是經過了入學考試的學生，只要忠忠實實底去用功，——書上所講底事情，仔仔細細的去看，一遍看不懂，再看一遍，決沒有看了四五次不懂的道理；遇着問題，個個做遍，今天做不到，明天再來，千萬不要一個問題到手，只想了五六分鐘，做不出來，就去問別人。——不但可以把學校的數學課程全部了解，並且自家還能夠發生出許多疑問來！這類的疑問就是創造底曙光。

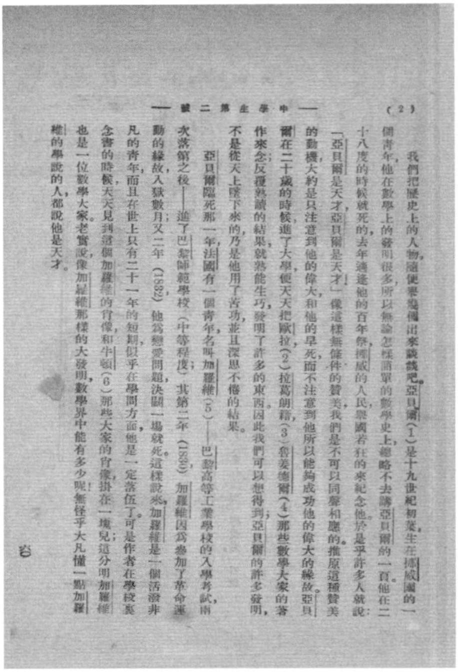

我們把歷史上的人物，隨便舉幾個出來談談吧。亞貝爾(1)是十九世紀初葉生在挪威國的一個青年，他在數學上的發明很多，所以無論怎樣簡單的數學史上，總略不去講亞貝爾的一頁。他在二十八歲的時候就死的，去年適逢他的百年祭，挪威的人民舉國若狂的來紀念他，於是乎許多人就說：「亞貝爾是天才，亞貝爾是天才！」像這樣無條件的贊美，我們是不可以同聲和應的。推原這種贊美的動機，大約是只注意到他的偉大，和他的早死，而不注意到他所以能夠成功他的偉大的緣故。亞貝爾在二十歲的時候，進了大學，便天天把歐拉(2)，拉葛朗藉(3)，舊姜德爾(4)那些數學大家的著作來念；反覆熟讀的結果，就熟能生巧，發明了許多的東西。因此我們可以想得到亞貝爾的許多發明，不是從天上墜下來的，乃是他用了苦功，並且深思不倦的結果。

亞貝爾臨死那一年，法國有一個青年，名叫加羅維(5)——巴黎高等工業學校的入學考試，兩次落第之後——進了巴黎師範學校（中等程度）；其第二年（1830），加羅維因為參加了革命運動的緣故，入獄數月；又二年（1832），他為戀愛問題，決鬥一場就死。這樣說來，加羅維是一個活潑非凡的青年，而且在世上只有二十一年的短期，似乎在學問方面，他是一定落伍了。可是作者在學校裏念書的時候，天天見到這個加羅維的肖像，和牛頓(6)那些大家的肖像，掛在一塊兒；這分明加羅維也是一位數學大家。老實說，像加羅維那樣的大發明，數學界中能有多少呢！無怪乎大凡懂一點加羅維的學說的人，都說他是天才。

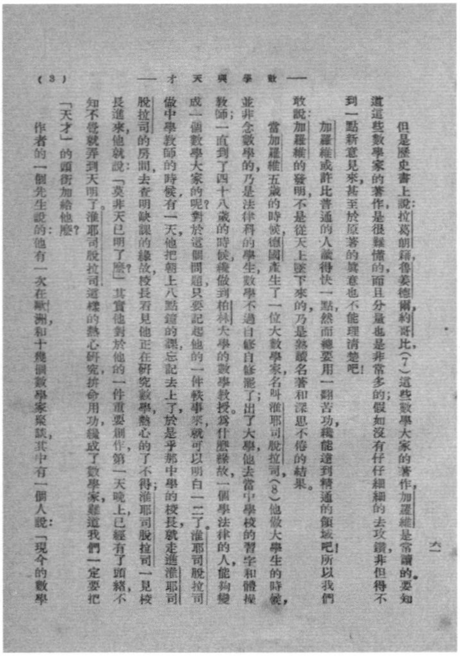

但是歷史書上說：拉葛朗藉，舊姜德爾，約哥比(7)這些數學大家的著作，加羅維是常讀的。要知道這些數學家的著作，是很難懂的，而且分量也是非常多的；假如沒有仔仔細細的去攻鑽，非但得不到一點新意見來，甚至於原著的真意也不能理清楚吧！加羅維或許比普通的人讀得快一點，然而總要用一翻苦功，纔能達到精通的領域吧！所以我們敢說：加羅維的發明，不是從天上墜下來的，乃是熟讀名著和深思不倦的結果。

當加羅維五歲的時候，德國產生了一位大數學家，名叫淮耶司脫拉司(8)，他做大學生的時候，並非念數學的，乃是法律科的學生，數學不過自修自修罷了；出了大學，他去當中學校的習字和體操教師；一直到了四十八歲的時候，纔做到柏林大學的數學教授。為什麼緣故，一個學法律的人，能夠變成一個數學大家的呢？對於這個問題，只要記起他的一件軼事來，就可以明白一二了。淮耶司脫拉司做中學教師的時候，有一天，他把朝上八點鐘的課，忘記去上了，於是乎那中學的校長，就走進淮耶司脫拉司的房間，去查明缺課的緣故，校長看見他正在研究數學，熱心的了不得；淮耶司脫拉司一見校長進來，他就說：「莫非天已明了麼？」其實他對於他的一件重要創作，第一天晚上已經有了頭緒，不知不覺就弄到天明了。淮耶司脫拉司這樣的熱心研究，拼命用功，纔成了數學家，難道我們一定要把「天才」的頭銜加給他麼？

作者的一個先生說的：他有一次在歐洲，和十幾個數學家聚談，其中有一個人說：「現今的數學

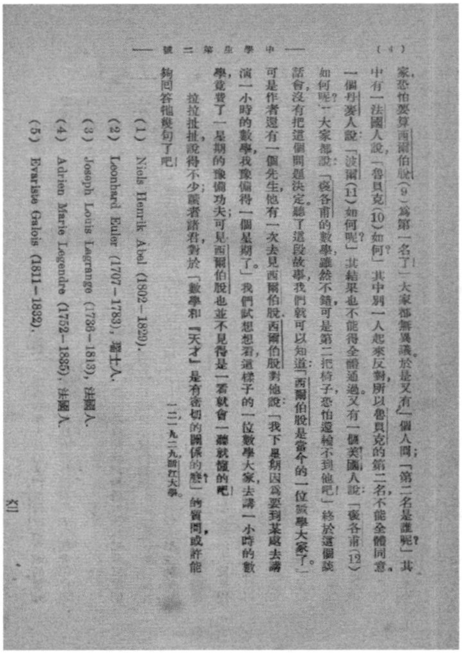

家，恐怕要算西爾伯脫(9)為第一名了！」大家都無異議。於是又有一個人問：「第二名是誰呢？」其中有一法國人說，「魯貝克(10)如何？」其中別一人起來反對，所以魯貝克的第二名，不能全體同意。一個丹麥人說：「波爾(11)如何呢？」其結果也不能得全體通過。又有一個美國人說：「褒各甫(12)如何呢？」大家都說：「褒各甫的數學，雖然不錯，可是第二把椅子，恐怕還輪不到他吧！」終於這個談話會，沒有把這個問題決定。聽了這段故事，我們就可以知道：「西爾伯脫是當今的一位數學大家了。」可是作者還有一個先生，他有一次去見西爾伯脫，西爾伯脫對他說：「我下星期因為要到某處去講演一小時的數學，我豫備得一個星期了。」我們試想想看，這樣子的一位數學大家，去講一小時的數學，竟費了一星期的豫備功夫；可見西爾伯脫也並不見得是一看就會一聽就懂的吧！

拉拉扯扯，說得不少；讀者諸君，對於「數學和『天才』是有密切的關係的麼？」的質問，或許能夠回答他幾句了吧！

一二，一九二九，浙江大學。

(1) Niels Henrik Abel (1802–1829).

(2) Leonhard Euler (1707–1783)，瑞士人.

(3) Joseph Louis Lagrange (1736–1813)，法國人.

(4) Adrien Marie Legendre (1752–1833)，法國人.

(5) Evariste Galois (1811–1832).

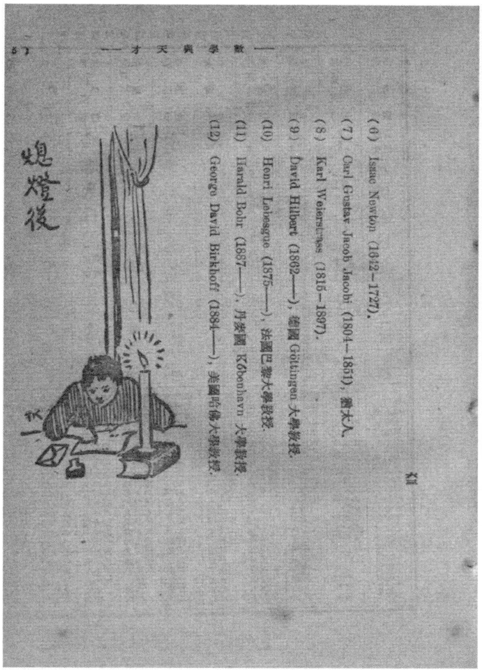

—数学与天才—

(6) Isaac Newton (1642—1727).

(7) Carl Gustav Jacob Jacobi (1804—1851)，猶太人.

(8) Karl Weierstrass (1815—1897).

(9) David Hilbert (1862——)，德國 Göttingen 大學教授.

(10) Henri Lebesgue (1875——)，法國巴黎大學教授.

(11) Harald Bohr (1887——)，丹麥國 København 大學教授.

(12) George David Birkhoff (1884——)，美國哈佛大學教授.

《数学与天才》原文

论文之二:《再谈完全数》①

1，2，3，4，5 五数之中，可以把 6 除尽的，就是 1，2，3 三数；将 1，2，3 三数，相加起来，适等于 6。又 1，2，3，……27 二十七数中，可以把 28 除尽的数——1，2，4，7，14——相加起来适等于 28。像 6 和 28 一类的数，叫作完全数。严密地定义起来就是:“有一个正整数 a，将可以把 a 除尽而较小的数相加起来，其和若等于 a，名 a 曰完全数。”从这个定义，我们立刻知道 1，2，3，4，5，7，8，9，10 等数，都不是完全数，读者可以试验试验看，496 和 8128 乃是完全数。

把完全数来玩味的人，不是起于近代，两千几百年前，毕达哥拉斯(注一)的时代，已经有了。欧几里得的几何原理(注二)第九卷里，就有关于完全数的话头。

上面所说的四个完全数 6，28，496，8128，可以写作下列的形式。

$$6=2^{2-1}(2^2-1),\qquad 28=2^{3-1}(2^3-1),$$

① 为了阅读方便，对个别字词和标点做了修改。——作者注

$$496 = 2^{5-1}(2^5 - 1), \qquad 8128 = 2^{7-1}(2^7 - 1)。$$

看明白了这些数式，推想起来，假如有一个数，可以写作$2^{n-1}(2^n-1)$（n为正整数）的时候，是否一定是一个完全数呢？答曰，否：试看20，24，30，60诸数，都除得尽120，把他们加起来，已经大于120了，可见得120并非一个完全数。但是

$$120 = 2^{4-1}(2^4 - 1)。$$

调查上面四个完全数的数式n，乃是2，3，5，7——都是质数。莫非n为质数的时候，

$$2^{n-1}(2^n - 1)$$

一定表示完全数么？这层推想，不幸又不中。何以见得呢？取n等于11，11当然是一个质数，我们算得

$$2^{10}(2^{11} - 1) = 2096128 = 1024 \times 23 \times 89,$$

$$23 \times 89(2^5 + 2^6 + 2^7 + 2^8 + 2^9) + 2^{10} \times 89$$

$$= 2121760 > 2096128。$$

第二行里所表示的六个数，都可以除尽2096128，把他们加起来，已经大于后者，这就是表明后者并非一个完全数。

两种推想，统统失败。我们再来调查上面四完全数的式子，得着

$$2^2 - 1 = 3, \quad 2^3 - 1 = 7,$$

$$2^5 - 1 = 31, \quad 2^7 - 1 = 127。$$

3，7，31，127都是质数。那么，2^{n-1}成一质数的时候，或许$2^{n-1}(2^n-1)$表示一个完全数了！这层推想是对了，欧几里得的几何原本里有证明的。不但如是，假如有偶数为完全数的时候，一定可以写成$2^{n-1}(2^n-1)$之形式的。这个证明是欧拉（注三）所做的。总括起来：若2^n-1为质数，则$2^{n-1}(2^n-1)$为完全数。除此而外，无偶数为完全数者。

最小的完全数，除上面所说的6，28，496，8128而外，为

$2^{13-1}(2^{13} - 1) = 33550336$，

$2^{17-1}(2^{17} - 1) = 8589869056$，

$2^{19-1}(2^{19} - 1) = 137438691328$，

$2^{31-1}(2^{31} - 1) = 2305843008139952128$。

这最小的八个完全数，是1644年(牛顿生后第三年)一个法国人(注四)所算出的。第九个完全数为$2^{61}(2^{61}-1)$①,1885年算出的。(注五)第十个完全数，一直到了二十世纪1912年的时候，才知道的，其数适当于$n=89$。(注六)最近又知道$n=107$和$n=127$的时候，$2^{n-1}(2^n-1)$是完全数。(注七)

上面做列举的完全数，都是偶数。那么，

(一)有奇数为完全数者乎?

据西尔维斯特(注八)1888年的研究，假如有一奇数是完全数，那么，这个奇数要有五个以上的质数可以除得尽他；然而问题(一)未曾解决。至今还没有人能够解决哩。

要探明某数是否是一个完全数，手续虽然麻烦，还可以做得。如果要寻得一个新完全数，那就不容易了。但是我们倒要问问看：

(二)完全数之个数，究竟有没有限制?

对于这个问题，到如今也还没有人能够回答。一面，我们已经知道："若2^{n-1}为质数，则$2^{n-1}(2^n-1)$为完全数。"因此，和(二)相关联的一个问题，就发生了：

可以写作2^n-1的形式的质数，其个数是否有限?

如果(三)的回答是"无限"二字，那么，(二)就解决了，其回答也是"无限制"一语。设使(三)的回答是"有限"二字，(二)仍然不能得着确实的回答。

这(一)(二)(三)三个问题，至今还没有人能够解决，作者所以特地写出来，报告给中学校里的朋友们听听。

(注一)Pythagoras 希腊古时的一个学者。
(注二)二千一二百年前希腊人 Euclid 集当时几何学的大成，著《几何原理》一书，我国在明朝时候，始有译本。
(注三)Euler(1707–1783)十八世纪的一位数学大家，晚年双目都盲，研究仍然如旧，凡十七年而死。
(注四)Mersenne。
(注五)算出的人，名 Seelhoff。
(注六)发现的人，名 Pewers。
(注七)见 Kraitchik 的数论(1924)。
(注八)Sylvester(1814—1897)，英国的一位数学家。

① 此处原文有误，应修改为$2^{61-1}(2^{61}-1)$。

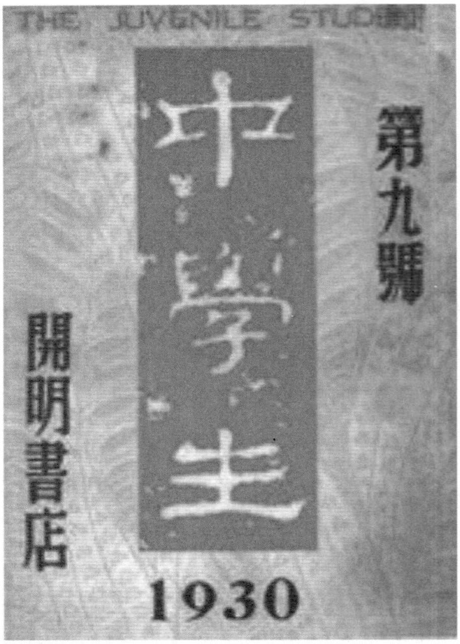
THE JUVENILE STUDENT
中學生
第九號
開明書店
1930

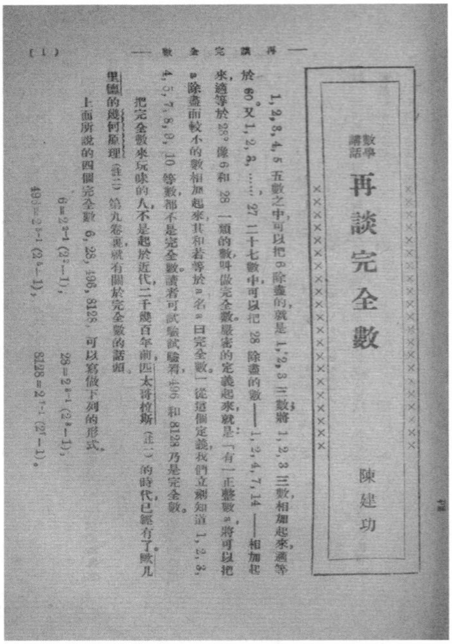

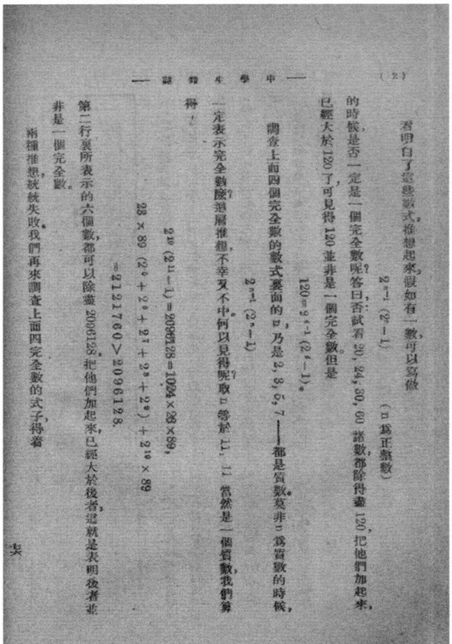

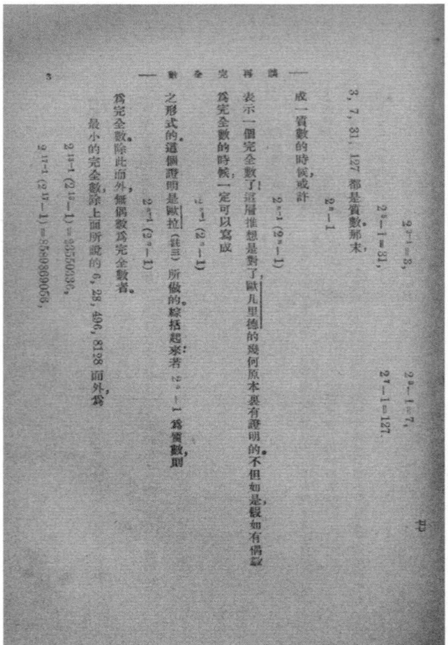

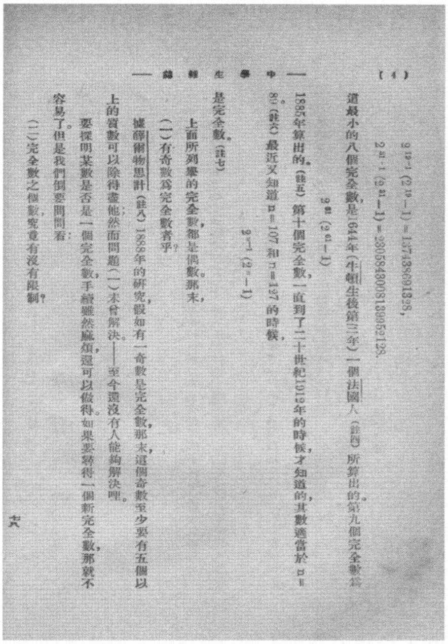

（4）　——中學生雜誌——

道最小的八個完全數，是1644年（牛頓生後第二年）一個法國人（註四）所算出的。第九個完全數爲

$2^{19-1}(2^{19}-1)=137438691328$,

$2^{31-1}(2^{31}-1)=2305843008139952128$.

$2^{60}(2^{61}-1)$

1885年算出的。（註五）第十個完全數，一直到了二十世紀1912年的時候，才知道的，其數適當於 n=89。（註六）最近又知道 n=107 和 n=127 的時候，

$2^{n-1}(2^{n}-1)$

是完全數。（註七）

上面所列舉的完全數都是偶數。那末，

（一）有奇數爲完全數者乎？

據薛爾物思計（註八）1888年的研究，假如有一奇數是完全數，那末這個奇數至少要有五個以上的質數可以除得盡他。然而問題（一）未曾解決。——至今還沒有人能夠解決哩。

要探明某數是否是一個完全數，手續雖然麻煩，還可以做得。如果要覓得一個新完全數，那就不容易了。但是我們倒要問問看：

（二）完全數之個數究竟有沒有限制？

七八

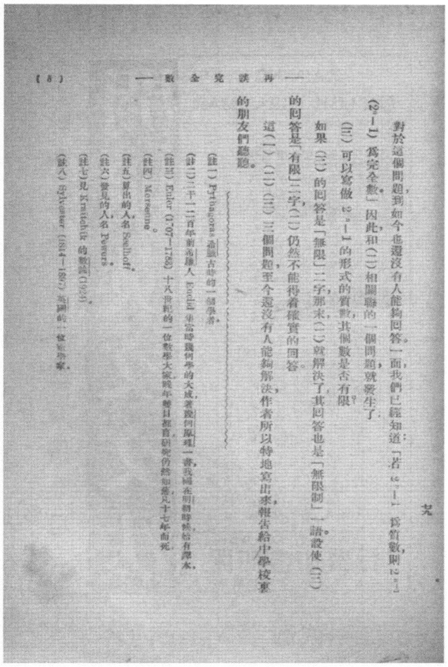

——再談完全數——　（5）

對於這個問題，到如今也還沒有人能夠回答。而我們已經知道：「若 $2^{n}-1$ 爲質數，則 $2^{n-1}(2^{n}-1)$ 爲完全數。」因此和（二）相關聯的一個問題就發生了：

（三）可以寫做 $2^{n}-1$ 的形式的質數，其個數是否有限？

如果（三）的回答是「無限」二字，那末（二）就解決了，其回答也是「無限制」一語。設使（三）的回答是「有限」二字，（二）仍然不能得着確實的回答。

這（一）（二）（三）三個問題至今還沒有人能夠解決，作者所以特地寫出來報告給中學校裏的朋友們聽聽。

（註一）Pythagoras 希臘古時的一個學者。

（註二）二千二百年前希臘人 Euclid 集當時幾何學的大成，著幾何原理一書，我國在明朝時候始有譯本。

（註三）Euler (1707—1783) 十八世紀的一位數學大家，晚年雙目瞽，研究仍然如舊，凡十七年而死。

（註四）Mersenne。

（註五）算出的人名 Seelhoff。

（註六）發見的人名 Powers。

（註七）見 Kraitchik 的數論（1922）。

（註八）Sylvester (1814—1897) 英國的一位數學家。

七九

《再谈完全数》原文

二、编著教材《高中代数学》《高中几何学》

1932 年《高级中学算学课程标准》颁布后，当时陈建功已是知名数学家，且接受过完整的中、高等数学教育，熟悉国外的高中数学教学内容，非常清楚数学教科书在高中数学教学中的重要性。正是在这样的背景下，陈建功分别与毛路真、郦福绵合编了《高中代数学》《高中几何学》，相继于 1933 年 11 月、1935 年 1 月出版。这两本教科书都重印十余次，流传广泛，在中学教师、学者中产生了积极的反响。直至 1952 年，全国在学习苏联教材的基础上编写了统一的中学数学教科书后，它们才被淘汰。《高中代数学》《高中几何学》的编撰解决了《高级中学算学课程标准》颁布后，高中急需相应数学教科书的困难。从更深的层次看，它们的编撰是国人借鉴国外数学教材，打造适合新课程标准的高中数学教科书的一次成功尝试，促进了近代中国高中数学教科书的本土化。这两本教科书在同类教科书中的重要地位，反映了陈建功对我国中学数学教育做出的贡献。

（一）《高中代数学》（陈建功、毛路真合编，开明书店，1933 年）

《高中代数学》封面、扉页与封底

《高中代数学》目录内容

第一章　代数式之基本演算

一 实数之基本演算

二 运算之基本律

三 初等代数式

四 证明恒等式之成立

第二章　一次方程式

一 解方程式之原则及一元一次方程式

二 一次联立方程式

三 二元一次方程式之图解

第三章　因数分解

一 恒等式之应用

二 剩余定理

三 未定系数法

四 对称式及交代式

五 最高公因数及最低公倍数

第四章　分数式
　　一 分数式之基本运算
　　二 分数之基本性质
　　三 部分分数
　　四 分数方程式
　　五 函数之极限
第五章　根数及复素数
　　一 根数
　　二 多项式之开方法
　　三 复素数
第六章　二次方程式
　　一 二次方程式之理论
　　二 解方程式
　　三 二次联立方程式
第七章　比及比例
　　一 比
　　二 比例
第八章　特种数列
　　一 等差级数
　　二 等比级数
　　三 调和级数
　　四 自然数之数列
第九章　顺列及组合
　　一 顺列
　　二 组合
第十章　二项式定理及多项式定理
第十一章　对数
　　一 对数及对数表之用法
　　二 复利及年金

六 复利现价表

七 存亡表

八 代数学中西名词对照表

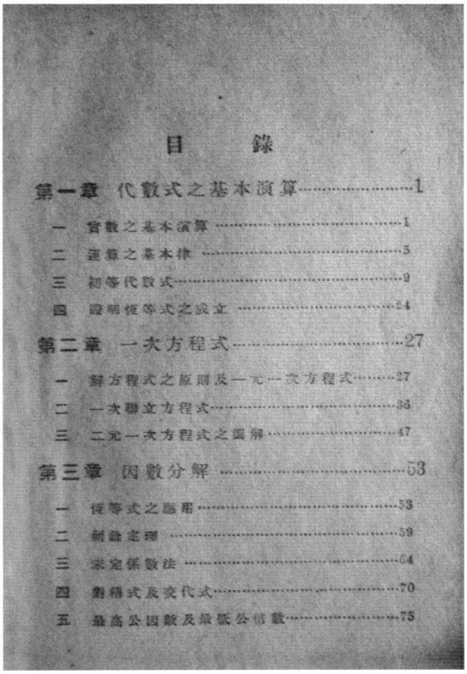

目　　錄

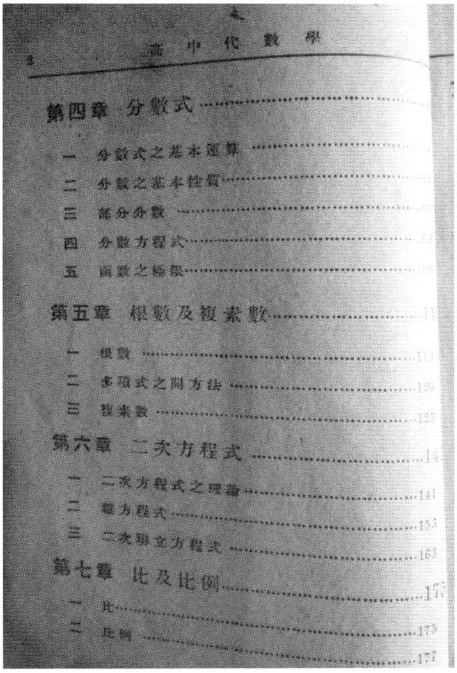

2　高中代數學

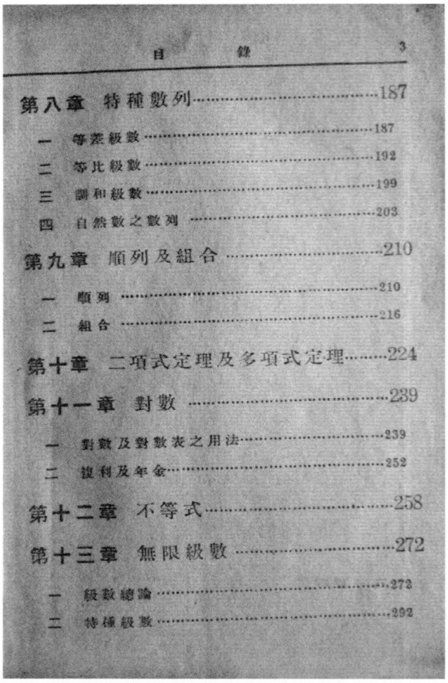

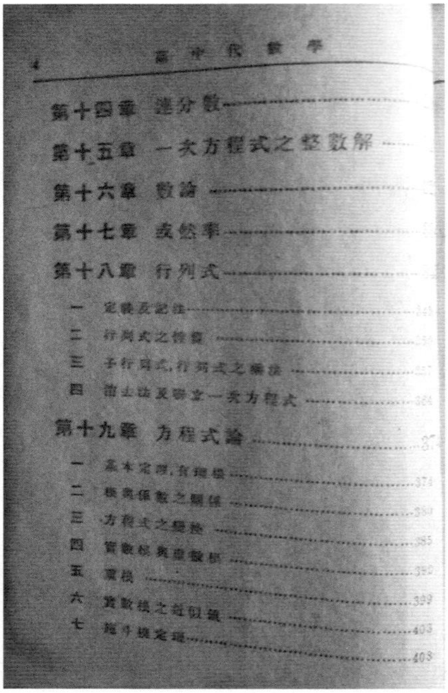

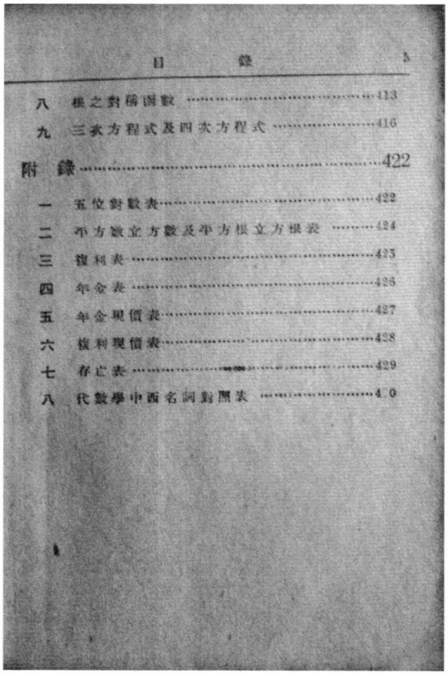

《高等代数学》目录原文

（二）《高中几何学》（陈建功、郦福绵合编，开明书店，1935 年）

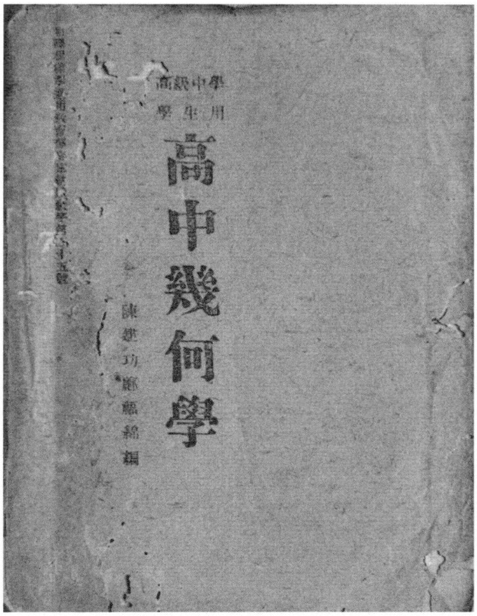

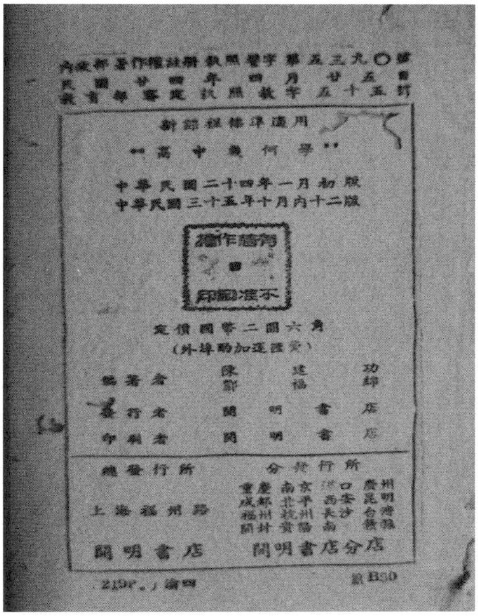

《高中几何学》封面与封底

《高中几何学》目录内容

第十一章　弓形角
第十二章　圆之内接图形与外切图形
第十三章　直线圆形之作图
第十四章　切线及圆之作图
第十五章　线分之比与比例
第十六章　多角形之面积
第十七章　圆幂
第十八章　多角形之相似
第十九章　位似图形
第二十章　三角形中各量之关系
第二十一章　关与（关于）比例之作图
第二十二章　关于面积之作图
第二十三章　正多角形
第二十四章　圆周及圆面积
附录　比与比例之基础性质

立体几何学

第二十五章　直线与平面
第二十六章　二面角
第二十七章　多面角
第二十八章　多面体
第二十九章　角柱
第三十章　角锥
第三十一章　柱
第三十二章　锥
第三十三章　球
第三十四章　球面多角形
第三十五章　球之面积及体积

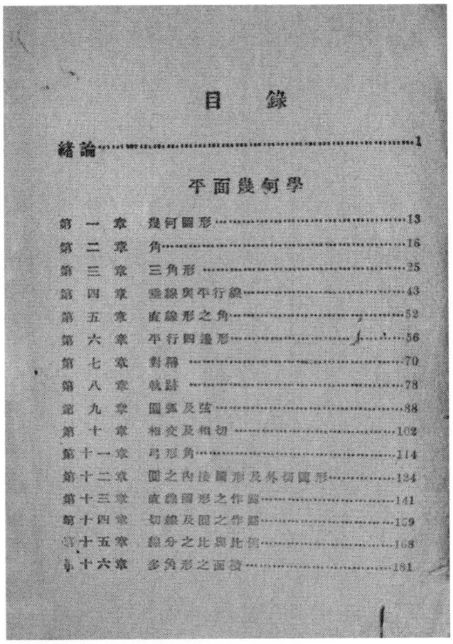

目錄

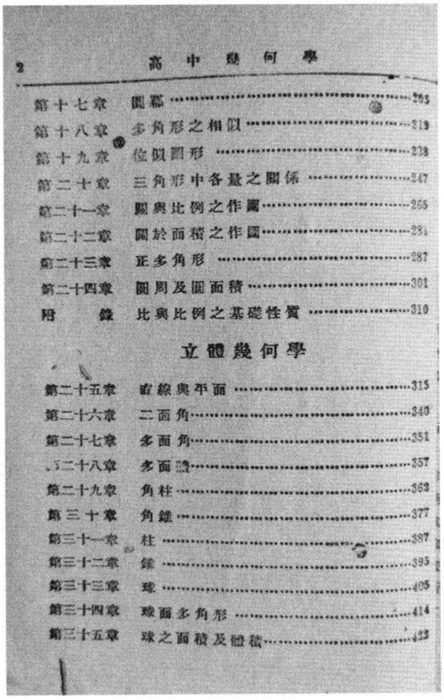

2　高中幾何學

《高中几何学》目录

（三）编著之后续：《陈建功氏高中代数题解》《陈建功氏高中几何学题解》

陈建功参与编著的《高中代数学》《高中几何学》出版后，在一些中学教师、学者中引起了积极的反响，由下述案例可见一斑。由于《高中代数学》未附习题解答，“学者解证，无所景附”①，1941 年成都县立中学校教师何籽嵚决定编辑针对此书的题解，遂“函讬诸友各解数章，历时一载，始观厥成”，定名为《陈建功氏高中代数题解》，由成都的复兴书店、新智书局，重庆的新生书局、永生书局销售。该题解自 1942 年 12 月问世至 1946 年 8 月，出至第三版，至 1949 年仍再版，颇受欢迎。何籽嵚对《高中代数学》评价颇高，在此题解序中说：“陈建功博士自东京归国，主讲浙大有年，以其余力，编成是书，条目不紊，选材唯精。洵高中善本也。”鉴于《高中几何学》亦未附习题解答，何籽嵚于 1942 年夏又与萧晓畋、冯克忠、曾茂柏等师友同解《高中几何学》习题，“阅岁乃成”，于 1943 年 4 月编成《陈建功氏高中几何学题解》，由成都的四达书局、新智书局、建国书局销售。1943 年 11 月，此题解即出第二版。不仅如此，学者田长

① 徐荣中，孙炳章，何籽嵚，等．陈建功氏高中代数题解 [M]．编者自印本，1946.

和也解答了《高中几何学》的习题，编辑成《高中几何学题解》，于 1943 年 5 月由中西书局发行，使读者在短时间内，以“最少之精力，完成高中几何学一部分学业”，使“会考、升学、自修者自通”；同时，使“教者免东翻西阅之劳，收事半功倍之效”。①

《陈建功氏高中代数题解》封面

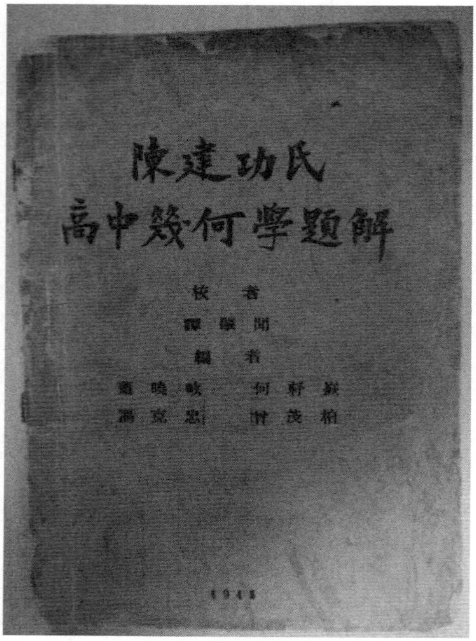

《陈建功氏高中几何学题解》封面

三、《二十世纪的数学教育》

基于丰富的教育经验，陈建功对教育的思考非常深入，其主要教育观点发表在 1952 年第一卷第 2 期《中国数学杂志》的《二十世纪的数学教育》中，这篇 2 万余字的大作，“以中等学校的数学为核心”，对 20 世纪数学教育的原则，以及数学教学内容的改革等重要问题，提出了极有见地的数学教育理念与建议。主要包括以下三部分内容。

第一，阐述了陈建功的数学教育原则。《二十世纪的数学教育》文中所说的数学教育，是以中等学校的数学为核心的；关于高等学校方面的数学，和小学

① 郭金海．陈建功与高中数学教科书的编撰 [J]. 自然科学史研究 , 2017, 36(1): 76−85.

校的算术教育，不预备在此地详述。[①]“他山之石，可以攻玉”，陈建功寄希望于我国的数学教育有更进一步的革新。他主张的数学教育原则有三条：实用性原则，论理的原则、心理的原则。数学教育的三大原则的提出，反映了陈建功的数学观和数学教育思想。

第二，陈建功通晓国内外的数学教育。陈建功对当时国外的数学教育做了很全面的介绍，其中包括：20 世纪以前的数学教育，20 世纪出现的数学教育改造运动，以及意、德、英、法、美、日、苏七国中学数学教育的概况。其中有关于数学教育发展、数学教育基本观点、数学课程设置、教学内容安排、教科书编写等方面非常丰富的资料，还列出了许多参考文献。文章重点介绍了 20 世纪 50 年代以前数学教育改造运动中有代表性的流派及其观点，特别是英国的彼利运动，以克莱因为代表的德国新主义数学运动和美国穆尔的改造论。文章赞同改造旧的教学内容，重视联系实际，尊重学生的心理发展规律，融合数学诸分科，加强数学与其他科学的联系，培养分析问题的能力，以及加强“函数观念”和“直观几何”教学等。文章说：“彼利、克莱因、穆尔的数学教育改造运动的基本精神究在何处呢？基本精神是在教材教法近代化、心理化，实行数学各科的有机的统一，理论和实践的统一，结局在求数学教育基本三原则的彻底统一。”“各国数学教育的进展，因国情不同，色彩也不一致；然而改造的基调，可以说是各国完全相同。”

第三，陈建功对我国数学教育改革的建议。新中国成立不久，教育部就召开全国教育工作者会议；1950 年又召开精简座谈会，提出精简教学内容的原则（包括数、理、化）。《二十世纪的数学教育》一文，正是在上述精简原则的背景下写出的。对于这些精简原则，陈建功认为“这是创举，值得庆祝”。数学教育的改革是长期的，贯彻精简纲要“是数学教育具有生气的开端，当然是温和的，不能希望会有太多的结果”。可以看出：陈建功一方面在不断探索数学教育改革的方向，另一方面也对改革进程保持理智的态度。同时指出，我国过去的数学教育的主要问题有：“第一，教材全部是陈旧的——十八世纪以前的，把近代数学置之度外”；“第二，内容太偏重论理性，忽视学生的心理过程”；“第三，对于理解近代科学和社会，太少力量”。这些分析切中时弊。陈建功认为函数观念

① 陈建功 . 二十世纪的数学教育 [J]. 中国数学杂志 , 1952(2): 1–21.

应是精简后教材的核心，以函数观念作为数学教育的核心，就是要让数学和人生保持密切的联系。对于数学史的教学，陈建功认为数学史教学不仅可以提高学生学习数学的兴趣，而且数学史料也是数学的一部分，学生应该知道它的大意。关于中国的部分，尤可以增高爱国的情绪。但是数学史料，不宜以中国为限……数学史即为数学的一部分，宜随处插入，不必设专科。

《二十世纪的数学教育》对21世纪我国数学教育的启迪，在于数学教育理论方面。陈建功的数学教育三原则，在今天仍不失为我国数学教育的基本原则，数学人应结合新的实际情况，在实践中对它们不断加深认识和加以贯彻。在对待外国数学教育方面，陈建功持分析批判的态度。我们现在研究外国的数学教育，目的也是搞好自己的事情。一方面应该积极向外部学习，另一方面更应注意结合本国国情。在借鉴方面，切忌盲从，不应不求甚解地追潮流。在教学内容改革方面，《二十世纪的数学教育》一文，对于当时教学内容的增减提出很有道理又很有远见的意见，主张首先要简化运算，坚决地去除繁难的、非实质的、脱离实际的代数和三角运算，简化论证几何，同时力主增加微积分，并用平易直观的方法来处理，还要增加类似统计这样的联系实际的新内容。数学教学内容必须吐故纳新，这样才能要让年轻一代更好地学习更有时代气息的数学。

随着时代的进步，数学教育也将不断进步。希望广大数学教育界的同行都关心它，更希望我国的数学家也能像陈建功当年那样，对数学教育予以更多的关心和支持。

第四章　陈建功数学教育思想与数学教育改革

第一节　陈建功的数学教育思想与国外数学教育理论的关系

一个国家的教育，需要体现国家的意志、民族的特点，是不可能完全实现世界一体化的。各学科之间的国际交流，数学一直处于最前沿，这也不断促进各国的数学研究与数学教育的发展。东西方数学教育一直都在各自的社会背景环境下相互学习，取长补短。

近现代以来，世界一直公认西方教育的先进性，向西方不断地汲取经验、学习理论是诸多国家提升文化软实力的途径，当然，中国也不例外。国外数学教育理论有 F. 克莱因的、弗赖登塔尔的、波利亚的数学教育思想以及建构主义教育理论等，相同时期国内对中学数学教育理论具有较全面阐述的首推陈建功的数学教育思想。

一、陈建功的数学教育思想简介

陈建功是我国著名数学家和数学教育家，他对数学教育的研究非常深入，不仅关注国内数学教育的发展，而且洞悉世界各国的数学教育前沿，同时对于中学数学教学也极为关注。他曾与学生一起编写过高中数学教材，影响了我国中学数学教学整整 20 年之久。陈建功对中学数学教育研究的著作与论文主要有《数学与天才》（1930）、《再谈完全数》（1930）、《高中代数学》（1933）、《高中几何学》（1935）、《二十世纪的数学教育》（1952）。两万余字的《二十世纪的数学教育》体现了陈建功对数学研究的热忱，也对中学数学教育重要性有着清醒的认识，比较全面地阐述了他的数学教育思想理念。陈建功的数学教育思想的形成过程深受“慎独诚意，知行合一”的越文化思想、“思想自由，兼容并包”

的新文化思想、“与时俱进，开拓创新”的先进教育思想的熏陶，并从中不断学习和汲取数学教育的精髓，在40多年大学教育实践中提炼和升华，逐步完善了高等数学教育的思想理念，形成了他的数学教育理论与实践体系。①

陈建功的数学教育思想内涵表现为：

(1) 陈建功认为：“处在这个大时代，要过有意义的生活，做有意义的工作，学生必先具有理解自然和洞察社会的能力。所以学生必须养成对于这种能力有效果的‘思想和行动的习惯’，这就是教育。”“数学教育呢？学了数学，要使学生能够分析和理解这种思想和行动的习惯上所不可缺的‘数量与空间的关系’。不仅如此，理解和分析数量与空间的关系，也是数学的特征，是数学特有的任务。”②

（2）陈建功认为数学教育有三大原则：实用性原则、论理的原则、心理的原则。③

（3）陈建功主张教学与科研是相辅相成，坚持“学贵讲，尤贵行”的治学理念。他的治学理念主要表现在四个方面：科学兴国，坚守诚意；教学相长，知行合一；与时俱进，应用创新；因材施教，注重心理。④

数学家对数学教育的关注主要体现在对教学内容的选取和安排上，经常通过亲自编写数学课程教材来实现。陈建功先生通晓多国语言，熟悉国内外数学教育进展。在高中数学教材和高等数学教材方面，陈建功通过选取教学内容自编教材，进行课程教学与改进，形成了他的数学教育理念。同时，这也为新中国百废待兴的数学教育改革指明了方向。改革开放之后，我国数学教育重新走向正规，人民对数学的认识逐渐回归正统；21世纪以来的数学课程标准的制定与实施进一步推动了我国数学教育的改革与发展。对本土化的数学教育理论而

---

① 王晓军，陈翰馥．知行合一：陈建功的数学教育思想与治学理念 [J]. 自然辩证法通讯，2020(8): 114–119.

② 陈建功．二十世纪的数学教育 [J]. 中国数学杂志，1952(2): 18.

③ 陈建功．二十世纪的数学教育 [J]. 中国数学杂志，1952(2): 1.

④ 王晓军，陈翰馥．知行合一：陈建功的数学教育思想与治学理念 [J]. 自然辩证法通讯，2020(8): 114–119.

言，数学教育理论研究不仅仅是大教育理论的简单移植应用，也不仅仅是教学经验的总结研究，更不应是照搬国外数学教育理论，而是因地制宜，与时俱进，构建我国自己的数学教育理论。不难发现，陈建功的数学教育思想其实是我国数学教育理论本土化的代表之一，他的数学教育思想与理论是立足我国数学教育现实的原创性教育思想的总结，是经过长期实践积累的，可以直接应用于我国的数学教育实践，能有效地指导数学实践。我们学习陈建功的数学教育思想，是弘扬优秀传统文化和继承科学家精神的具体表现，有利于践行数学文化自信，也符合新时代的要求。

二、与国外知名的数学教育理论的关系

（一）F. 克莱因的数学教育理论

F. 克莱因（Felix Klein 1849—1925）是德国著名数学家、数学教育家。他的研究兴趣广泛，在代数、函数论、几何、数学史等领域都有经典著作。他曾是德国《数学年刊》主编和《数学百科全书》创办者之一，从事这两项工作长达40年之久。他热衷于数学教育及其改革，著作有《高观点下的初等数学》。他是国际数学教育委员会创始人之一，并始终积极参与其活动。1908年，在第四届国际数学家大会上成立了国际数学联盟（IMU）的一个新的下属组织——国际数学教育委员会，克莱因当选为该委员会的第一任主席。他是一位热心倡导数学教育改革的数学家，在1900年之后，他在演讲和著作中一再强调：①

（1）数学教师应具备较高的数学观点，只有观点高了，事物才能显得明了而简单。一个称职的教师应当掌握或了解数学的各种概念、方法及其发展与完善的过程，以及数学教育演化的经过。

（2）教育应该是发生性的，所以空间的直观、数学上的应用、函数的概念是非常必要的。教几何学，在教科书的卷首上应该写上“欧几里得不是为孩子写这本书的”。

（3）应该用综合起来的一般概念和方法来解决问题，而不要去深钻那种特殊的解法。

① 张奠宙，宋乃庆. 数学教育概论 [M]. 北京：高等教育出版社，2004: 3.

（4）应该把算术、代数和几何学方面的内容，用几何的形式以函数为中心观念综合起来。

他的改革计划主要是关于教学内容的，虽然 100 多年过去了，但在我们当前的课程改革进程中，他的很多观点依然能引起我们的共鸣。①

陈建功先生在谈到 F. 克莱因时，称赞这位德国的硕学——几何学大家不以大学教员不与闻中等教育为然，而是非常关心中学的教改。② 其实陈建功本人也同样如此，他是现代杰出的数学家，在分析学方面的研究博大精深，是著名的大学教授，但他对于中学数学教学极为关注，还曾与他的学生编写过中学数学教材，且影响深远。

（二）弗赖登塔尔的数学教育理论

弗赖登塔尔（Hans Freudenthal，1905—1990），荷兰著名数学家、数学教育家。自 20 世纪以来，荷兰的数学教育改革迎得了许多关注，以弗赖登塔尔为首的几代研究团队经过不懈努力，将荷兰的传统数学教育成功地改革为现实数学教育。弗赖登塔尔主要从事拓扑学和李代数方面的研究，20 世纪 50 年代后把主要的精力放在数学教育方面，发表大量著作，主要观点在《作为教育任务的数学》（*Mathematics as an Education Task*，1973）、《除草与播种——数学教育学的序言》（*Weeding and Sowing: Preface to a science of Mathematical Education*，1978）以及《数学结构的数学现象学》（*Didacitical Phenomenology of Mathmatical Structures*，1983）中有系统阐述，其中《作为教育任务的数学》是他对数学教育的整体认识和叙述，另外两本是对他某些思想的补充性阐述。③ 他开展了广泛的社会活动，于 1988 年到访我国并在华东师范大学讲学，有关教育的观点也收录于《数学教育再探——在中国的三次讲学》[*Revisiting Mathematics Education*（*China Lecture*）] 一书中。他的数学教育特点总体可归纳为三点：现实化、数学化、再创造。

---

① 张奠宙，宋乃庆. 数学教育概论 [M]. 北京：高等教育出版社，2004: 3.

② 田载今，张孝达. 对二十一世纪数学教育的一些思考——纪念陈建功院士《二十世纪的数学教育》一文发表 50 年 [J]. 数学通报，2002(2): 1-3.

③ 王彦飞，宋婷. 试析弗赖登塔尔的数学教育思想及其对儿童数学教育的启示——基于其著作《作为数学任务的数学》的解析 [J]. 教育探索，2016(2): 7-10.

数学教育内容“现实化”。弗赖登塔尔认为：“传统的数学教育把数学中的准确定义以及逻辑演绎定理和法则等作为固定的知识去讲授，通过让学生进行反复操练，达到准确背记和精准运算的程度。”这种程序化的模式和机械的组织教学忽视了学生已有的生活感知的现实基础。之后，他提出，“数学教育即是现实的数学教育”，数学本身是现实的，应该源于现实、用于现实。学生根据自身的实际的生活体验，通过思考和感知现实数学的过程是很重要的，应该让学生通过问题去探寻数学概念和解决实际问题。另外他主张数学应该是属于所有人的，必须将数学教给所有人并且根据每个学生的“数学现实”进行教学。当数学和学生的现实建立起联系，教学就成为一种自然有效的过程。

数学学习过程“数学化”。所谓“数学化”是指学生根据自己已有的“现实基础”运用数学的方法，分析、理解和组织现实世界的过程，即数学地组织现实世界的过程。他认为，在人类的学习过程中，数学史就是渐进模式化的学习过程。具体来说，数学教育的现实化有两种形式：一是实际问题转化为数学问题的数学化，二是从符号到概念的数学化。可以看出数学教育不能从已有的现实的完美结果开始，而要根据学生的已有知识出发，创造合理条件，使学生在参与实践的过程中，通过自我发现去获得数学知识，使学生已有的模糊的数学知识上升发展为清晰的结论，实现数学化。

数学学习方法“再创造”。从数学教育的内容、数学学习的过程考量出发，弗赖登塔尔进一步提出有关数学学习的看法——“再创造”。“再创造”就是由学生自己去经历发现或创造的过程，学习活动的最好方法就是“做”，强调学生学习数学的方法就是经验、理解和反思的过程。针对有人提出“再创造”学习方法其实就是“发现法”的质疑，他也做出解释：“再创造”方法与“发现法”不同。一方面，“再创造”既是教师和学生的教学方法，也是教学原则；另一方面，他从“发现法”的弊端阐述与其“再创造”的不同。他认为“发现法”局限于个别狭窄题材，它“只是通过学生以数学概念的方式进行游戏，但学生不能真正体会到其中的数学体系和逻辑，并且这种方法是以教师既定的问题为前提的，就像是给学生设置‘圈套’加以规定和约束一样，会使学生丧失自身的积极性和主动性，所以这是‘再创造’所禁止的”。[①]

（三）波利亚的数学教育理论

乔治·波利亚（George Polya，1887—1985），美籍匈牙利数学家、数学教育家。他的数学教育理论主要体现在他的三部著作中：《数学与猜想》《怎样解题》《数学的发现——对解题的理解、研究和讲授》。波利亚对数学教育的主要贡献在于“启发法”，这是由他多年深入研究数学问题的解决过程得出来的。

波利亚的“启发法”讲的是问题解决在数学方法论上的共同点，并给出问题解决过程的四个阶段：弄清问题、制订计划、实施计划和回顾，这就是著名的波利亚问题解决四阶段模式。他明确指出数学思维不是纯“形式”的，它所涉及的不仅有公理、定理、定义及严格的证明，而且还有许多其他方面：推广、归纳、类推以及从具体情况中辨认出或者说抽取出某个数学概念等等，数学教师应使学生了解这些十分重要的“非形式”思维过程。[②]这与陈建功教授的数学教育原则——论理的原则有不谋而合之处，不论数学系统的学习还是问题的解决都要追求其本质，不能阻碍学生的兴趣与思考。波利亚的“启发法”研究主要是以问题解决入手，重视的是问题解决的方法论，研究的问题更应该结合学生实际情况，但影响实验研究有很多变量，学生是具有多变因素的变量。

同时，波利亚也十分关心数学教学，他指出老师那种照本宣科似的上课是不行的，教师应该帮助学生学习，数学教学的首要任务就在于“加强问题解决能力的训练”。因此，关于数学教学他有自己独特具体的建议：问题解决是以掌握一定数学知识为前提，强调知识的良好组织。他说：“良好的组织使得提供的知识易于用上，甚至可能比知识的广泛更为重要。”在学习方面他提出了著名的学习三原则：主动学习原则、最佳动机原则、阶段序进原则。[③]

波利亚1949年发表的《论高中数学问题解决》（*On Solving Mathematical Problem in High School*），强调数学问题解决要用“启发法”。至今，其对我国的数学教育改革也是影响极深，在当时，我国数学家、数学教育家陈建功就数学

---

① 王彦飞，宋婷．试析弗赖登塔尔的数学教育思想及其对儿童数学教育的启示——基于其著作《作为教学任务的数学》的解析 [J]. 教育探索，2016(2): 7–10.

② 康武．波利亚与数学教育 [J]．中学数学教学参考，1998(5): 4–5.

③ 康武．波利亚数学教育思想述评 [J]. 深圳大学学报（人文社会科学版），1998(3): 90–95.

教育方面也有自己独特的思考，与波利亚教育思想相较，二者有很多契合的地方。波利亚所提出数学教学的首要任务是加强问题解决能力的培养，以学生的兴趣特点出发，教师合理科学地进行引导，反观陈建功所阐述的心理性原则，也是强调教学方法、教学内容要循序渐进，依据学生的心理特征和认知水平来安排。

波利亚数学教育的“启发法”和陈建功数学教育三原则，是在不同的社会背景下，从不同的思考维度入手，但它们的实质都是在为数学教育的发展开拓新的改革思路和方法，都极大地促进了数学、数学教育的发展和完善。

（四）建构主义的数学教育理论

建构主义在数学教育中的应用起始于20世纪80年代末。首先，建构主义认为学习是一个建构的过程，强调学习是一个主动建构的过程，通过自己、求助他人或其他信息源的帮助来达到建构知识的目的，学习的过程应该至少包括以下四个环节内容：做——反思——学习——应用。其次，建构主义的教学观与传统教学观有所不同。教学观念上，建构主义重视发展学生理解，注重建构教学情境，强调师生的互动交流，发挥学生的主体潜能，要求教师在这一过程中给学生以辅导。最后，建构主义知识观认为，知识不是以实体的形式存在的，而是由个体根据自己的经验建构起来的，应将知识的客观性与主观性辩证统一，将课本理论知识与生活体验性知识有机联系，创建一种开放的、积极互动的学习模式。[①] 建构主义理论在教学实践和改进教学实践方面提出了许多指导性的启示，提出对具体学科要有本质性的认识，并以此为初心继续探究教学改革之路。

陈建功的数学教育思想与建构主义理论，是学科教育与大教育的理论关系，两者之间也有一些内涵联结。首先，陈建功强调数学教育要确定数学的实用价值，数学的教育要面向现实，联系实际情境，帮助学生树立对数学知识学习的正确认识，这与建构主义所强调的知识客观性与主观性的辩证统一有契合之处。但建构主义主要是对知识内容的探析，陈建功则更多的是以数学研究者的角度，突出强调数学知识，更具有针对性。其次，陈建功以研究数学本质的视角，提出数学教育的原则是要追求其本质，对数学的教育要理论与方法相结合，有针

① 王沛，康廷虎．建构主义学习理论述评 [J]. 教师教育研究，2004(5): 17−21.

对性地结合学生的兴趣，培养学生的综合素质，这与建构主义的学习观有吻合之处，两者都强调数学的学习要以学习者为主体。最后，陈建功认为，学生的特点和心理特征也是教育要关注的重要环节，因此他提出了数学教育的心理的原则，主张从学习者的角度出发，遵循学生的特点。教师在教育的过程中不能是“填鸭式”的输入，而是应该顺应学习者的心理和认知水平有序地进行，让学生经历知识获得的过程。这与建构主义强调学习是一个主动建构的过程，在获取真知的过程中让学生亲身经历和“做中学”等等，两者的基本教育方向大致相同，对数学教育的精神和革新目标也是一致的。

数学学科的发展不仅是对数学进行深入的理论研究、方法论研究和应用研究，也包括对这一学科的继承和培养。陈建功在他 40 多年的数学研究和数学教育中将二者都做了很好的推进。不论是在教育理论指导还是在教学实践方面，他的数学教育理论和治学理念对我国的数学发展都有着很好的指引和启示作用。

第二节　陈建功数学教育思想与中小学数学课程标准的关系

在社会进步和科学技术迅猛发展的潮流中，数学得到了迅猛的发展。这不仅表现在数学内部，解决了许多重大的数学问题，而且数学也开始从幕后走向台前，它的应用已渗透到现代社会及人们日常生活的各个方面，直接为社会创造价值，推动社会生产力的发展，因此，对数学教育的相关要求也在进一步提高。随着我国中小学数学课程标准的修订和完善，《普通高中数学课程标准（2017 年版 2020 年修订）》[①]《义务教育数学课程标准（2022 年版）》[②] 相继出台，推动着我国中小学数学教育改革的不断发展。陈建功数学教育思想与中小学数学课程标准在核心素养与课程目标、课程理念、实施建议方面都存在相应的关系。

一、在核心素养与课程目标方面

《普通高中数学课程标准（2017 年版 2020 年修订）》明确提出六大学科核

① 中华人民共和国教育部. 普通高中数学课程标准（2017 年版 2020 年修订）[M]. 北京：人民教育出版社，2020.

② 中华人民共和国教育部. 义务教育数学课程标准（2022 年版）[M]. 北京：北京师范大学出版社，2022.

心素养，即数学抽象、逻辑推理、数学建模、直观想象、数学运算、数据分析。这些数学学科核心素养既是相对独立又是相互交融的，这与陈建功所提出的数学教育原则有着一致的内涵。陈建功认为数学教育是由方法和观念组成的有机整体。数学可看作一个宏大复杂的系统工程，构成有机整体的各子系统之间相互联系、相互依存，不确定因素一刻也离不开科学思维方法的有力指导。正是因为数学系统的特殊性，所以如要正确体现它的价值，在准确把握好数学要素的同时，教育层面的价值体现也就显得尤为重要。

当下对于数学学科核心素养的提炼可从如下几个角度思考。首先，从数学学科的角度，聚焦数学的本质。“数学发展所依赖的思想在本质上有三个：抽象、推理、模型，通过抽象，在现实生活中得到数学的概念和运算法则，通过推理得到数学的发展，通过模型建立数学与外部世界的联系。”[①] 论理的原则强调数学不可忽视它原有的方法和构造，不可机械化乱用，否则就是与数学教育的本质背道而驰。时至今日，我们核心素养的提出，追溯本源也是在这些丰富理论基础上的完善。其次，从数学教育的角度，聚焦数学的育人价值。数学育人价值的本质是什么，直白地说，就是学了数学和没学数学的人的最大区别在哪里，数学教育培养人应该具有哪些品质。这也促使我们不断思考如何进行教育改革。陈建功提出的数学教育原则的第一条——实用性原则，正是数学育人价值最直接、最根本的体现。数学应用于生活生产就是数学教育的价值，应该让学生明确数学的价值，明确学好数学的意义。最后，从学生发展的角度，聚焦学生成长的表现。不同阶段的数学学习培养了学生的哪些品质，让他们掌握了哪些能力？数学教育的哪些关键因素与这些培养最有关系呢？数学教育不是盲目的模仿、机械的搬套，它不仅是知识的传授，更是以学生为主体的复杂教育过程。不同的学生，处于不同的阶段，教育的方法更是不同。因此，数学教育要有实用性原则、论理的原则，更要有从学生的角度和学生的兴趣出发的心理的原则。只有符合学生的求真感知，数学教育才有价值，才会事半功倍。

数学核心素养是数学课程目标的集中体现，是具有数学基本特征的思维品质、关键能力以及情感、态度与价值观的综合体现，是在数学学习和应用的过程中逐步形成和发展的。中小学数学教师课前备课，通常先明确这节课的教学

---

① 史宁中 . 数学思想概论：第一辑 [M]. 长春：东北师范大学出版社 , 2008: 1

目标，内容包括知识与技能目标，过程与方法目标，情感、态度与价值观目标。这样的三维教学目标设计与陈建功所提出的数学教育三原则是相通的。

二、在课程理念方面

义务教育数学课程标准与普通高中数学课程标准的课程理念，都是落实立德树人，使人人都能获得良好的数学教育，不同的人在数学上得到不同的发展，逐步形成适应终身发展需要的核心素养。陈建功的数学教育思想与中小学数学课程标准理念在课程目标、课程内容、教学活动方面具有一致性。

课标中的课程目标以核心素养为导向，以学生发展为本，强调培养学生获得数学的“四基”与“四能”①，形成正确的情感、态度和价值观。陈建功深知学习数学的重要性，早在1930年就发表了文章《数学与天才》，目的是启蒙学生学习数学。《数学与天才》是针对当时社会上许多人持有的“数学是专配‘天才’学的东西”的观点，以大量实例予以驳斥，以消除这种“天才论”对中小学生的影响。

课标中的课程内容要反映社会的需要、数学的特点，要符合学生的认知规律；要求在内容选择、组织呈现上体现结构化特征。义务教育数学课程标准和普通高中数学课程标准的试行与再次修订，增设和删减了部分课程内容，取得了有效成果。早在1952年发表的《二十世纪的数学教育》一文中，陈建功就提出了对我国数学教学内容的增减意见，如简化繁难的代数运算、简化三角法和几何中的难题，增加微分积分的概念知识等。虽然这些建议在当时未能落地推行，但在后来的教育改革路上，我们还是逐步切实地推行起来，并取得了一些成效。结合现在义务教育阶段的双减政策，学校的教育不应该给学生增加负担，而应该让学生有意义地、有选择地学习；高中阶段应注重培养学生的数学基础，增加微积分选修课程、数学建模和统计等内容。

课标中的数学教学活动以发展学生数学核心素养为导向，创设问题情境，启发学生思考，引导学生掌握数学内容的本质。陈建功在数学课堂教学中注重基础教学，因材施教，注重心理，培养学生的应用能力和创新能力。他的课前

---

① 基础知识、基本技能、基本思想和基本活动经验，简称“四基”；发现、提出、分析、解决问题的能力，简称“四能”。

准备非常充分，做到熟悉教学内容；手写教案，自编教材，不断地更新教学内容；注重情境创设，组织小组讨论，合作学习，善于激发学生学习兴趣。他的数学课堂教学进度有序而紧凑，教学重点突出，数学板书美观清晰；听课学生都认真听讲和回答提问，并人人做好课堂笔记，以便课后复习巩固与思考。陈建功注重培养学生对数学概念的理解和掌握，批改学生课后作业非常仔细，对学生作业中的错误都会写上批注。他有句教学名言："基础理论搞扎实了，就如同老鹰抓小鸡一样，飞得高，看得远，实际问题就比较容易解决。"

三、在实施建议方面

课标中的实施建议主要有教学建议和评价建议两部分。教学建议强调教学活动是师生积极参与、交往互动、共同发展的过程；评价建议旨在全面了解学生数学学习的过程和结果，激励学生学习和改进教师教学。如何进一步落实中小学数学课程标准的实施建议，数学教师一直在思考、实践，期待有好的教学实践案例可以模仿和复制，以达到更好的教学效果。这里谈谈陈建功留给学生深刻印象的"数学讨论班"教学研究模式，其有利于中小学数学教师落实课标，实施教学。1931 年陈建功带领团队组织开展数学讨论班教学研究模式，目的是强化学生独立思考和培育学生应用创新能力。陈建功对数学讨论班有许多规定，其中一条是：一周举办一次，大家轮流开展论文报告，如果报告不出来就得"站黑板"，目的是逼学生思考。有时陈建功也会提一些启发性问题，但不会回答任何具体问题。如果报告没通过，下一次的讨论班还要重新报告，直到通过为止。陈建功希望自己的学生明白：只有经过个人的刻苦学习，在一字一句地彻底读懂论文的基础上，才能更好地做好教学研究工作。这种教学模式有利于师生参与、共同发展，促进课堂互动交流，同时开阔了学生学习数学的视野，培养了学生的表达、交流和问题解决能力；有利于全面了解学生数学学习的过程，激发学生学习积极性。现在中小学校数学教学模式有教师主讲的"满堂灌"、浏览 PPT 的"电灌"、没有深刻点评和惩处的翻转课堂等等，这些模式因为教学实施不到位，所以教学效果一般。可见，留给学生深刻印象的数学讨论班教学研究模式有其优点，值得广大数学教师借鉴和学习。

陈建功的数学教育思想蕴含着数学知识的逻辑体系、合理的教学方法，同时遵循学生的兴趣、心理特征、认知水平，经历实践数学学习的思想方法的过程，引导学生进行自主的思考。[①] 结合当下的教育发展，我国数学教育改革之路仍在不断摸索中前进，教学内容、教学目标和理念随着时代的快速发展，仍会不断地进步、更新。因此，需要更多的数学家、数学教育家、教育实践者负重前行，对我国的数学教育事业给予更多的投入和关心。

第三节 《二十世纪的数学教育》中蕴含的数学教育思想

在21世纪的今天，重新解读陈建功先生在70年前发表的《二十世纪的数学教育》一文，仍觉醍醐灌顶，受益匪浅。《二十世纪的数学教育》一文，发表于1952年2月第一卷第2期的《中国数学杂志》中，当时正是新中国成立初期百废待兴的年代。陈建功先生“以中等学校的数学为核心”，对20世纪数学教育的原则，以及数学教学内容的改革等重要问题，提出极有见地的意见。田载今、张孝达为纪念陈建功院士《二十世纪的数学教育》对我国中学数学教育的巨大贡献，特撰文《对二十一世纪数学教育的一些思考》[②]。以下我们对《二十世纪的数学教育》一文仍作简要解读，再叙述由这篇文章所引发的对21世纪数学教育的启示。

一、《二十世纪的数学教育》的主要内容

《二十世纪的数学教育》主要包括以下三部分内容。

（一）数学教育的原则

陈先生在文章之首开宗明义地说：“支配数学教育的目标、材料和方法，有三大原则”：

第一，“实用性原则”。“数学在日常生活中已见其有使用价值……不但如此，数学也是物质支配和社会组织之一武器，对于自然科学、产业技术、社会科学的理解、研究和进展，都是需要数学的。假如数学没有实用，它就不应列

---

① 代钦．陈建功数学教育思想的现代意义——以“数学讨论班”教学模式为中心 [J]. 数学通报 , 2010, 49(10): 23−27.

② 田载今 , 张孝达．对二十一世纪数学教育的一些思考——纪念陈建功院士《二十世纪的数学教育》一文发表 50 年 [J]. 数学通报 2002, 41(2)：1−3.

入于教科之中。”

第二，“论理的原则”。“数学具有特殊的方法和观念，组成有系统的体系……数学不但其内容的事实有价值，其所用之方法，也具有教育上的价值。”“推理之成为论理的体系者，限于数学一科。数学具有这样的教育价值，称之为论理的价值，是为论理的原则……忽视数学教育论理性的原则，无异于数学教育的自杀。”

第三，“心理的原则”。“教材的内容，对于学生宜富于兴趣；枯燥无味的东西，决不能充作教材……应该站在学生的立场，顺应学生的心理发展去教育学生，才能满足他们的真实感。”不注重心理原则的教材，“是没有教育的价值的”。

“上述三原则应该统一而不应该对立……必须先就学生生活的环境中，从其易于接触易于理解且有使用价值的事物出发，以向论理的途径进行。”“心理性和实用性应该是论理性的向导。”“数学教育，应该使学生认清数学的发展，具有两重意义（注：来自客观世界和来自数学内部的发展）。”

“统一了上述三原则，以调和的精神，选择教材，决定教法，实践的过程，称之为数学教育。”

这里的数学教育三原则是陈建功先生数学教育思想的集中体现。

（二）介绍外国的数学教育

陈建功先生在《二十世纪的数学教育》中非常全面地介绍了外国数学教育的情况，其中包括：20 世纪以前的数学教育，20 世纪出现的数学教育改造运动，以及在其影响下意、德、英、法、美、日、苏七国中学数学教育的概况。可见，陈建功非常关注国际数学教育的发展，同时大量地收集相关材料进行比较研究，所做的工作是精准实证的。

陈先生说：“数学教育并不是一种幻想，乃是实践。数学教育是在经济的、社会的、政治的制约下的一种文化形态，自然具有历史性。”“当时所采用的几何课本，就是欧几里得几何原本最初数章；代数学和三角法，是将专门的材料，压缩而成的，太古太多，脱离实际需要。”“到了十九世纪之末，近代科学的急速发达和各国产业的进展，经济、社会、思想的变化使人们的生活状态有重大变动。无产阶级的解放运动，从而开始了，中等教育的内容不能不有所更变。”

陈先生重点介绍了20世纪50年代以前数学教育改造运动中的有代表性的流派及其观点，特别是英国的彼利运动、克莱因的德国新主义数学运动和美国穆尔的改造论。他对改造旧的教学内容，重视联系实际，尊重学生的心理发展规律，融合数学诸分科，加强数学与其他科学的联系，培养用数学的方法分析问题的能力，以及加强“函数观念”和“直观几何”教学等意见，表示赞同。

陈先生总结数学教育改造运动时说：“彼利、克莱因、穆尔的数学教育改造运动的基本精神究在何处呢？基本精神是在教材教法近代化、心理化，实行数学各科的有机的统一，理论和实践的统一，结局在求数学教育基本三原则的彻底统一。”“各国数学教育的进展，因国情不同，色彩也不一致；然而改造的基调，可以说是各国完全相同。”

陈先生具体介绍了七个国家的数学教育的情况，内容包括数学教育发展、数学教育基本观点、数学课程设置、教学内容安排、教科书编写，还列出了许多参考文献。他还分析了各国数学教育的背景、特点及长处与不足。

“他山之石，可以攻玉”，借鉴国外数学教育的成功经验，推进我国的数学教育改革的发展。多么好的发展思路呀！

（三）对我国的数学教育改革的建议

《二十世纪的数学教育》的最后部分，陈先生委婉地表达了对中国数学教育改革的关切和期盼。

陈先生指出：新中国成立之前“旧式的数学教育，不但成绩不良，且目的也不明了。学生视数学如仇敌，成了中等教育上一个大问题”。

解放以后，中央教育部成立不久，就召开全国教育工作者会议；1950年，又召开精简座谈会，大家同意这样的原则（包括数、理、化）：

（甲）精简的目的在于教学切实有效，而不是降低学生程度；

（乙）删除不必要的或重复的教材，但仍须保持各科科学的系统性完整性；

（丙）六三三制，暂不更变。

关于数学教材的精简原则是：

（一）要与实际结合，要与理化学习结合，要与经济建设的科学知识结合；
（二）太抽象的材料宜精简或删；
（三）数学课程仍规定为算术、代数……解析几何。

《二十世纪的数学教育》一文，正是在上述精简原则问世的背景下写出的。对于这些原则，陈先生认为“这是创举，值得庆祝”。但是，他又直言不讳地指出：（乙）项的保持各科的完整性、系统性，含有分科主义的精神，与国际上教科改造的倾向相反，“规定的太呆板了，失去了进步的倾向”。“数学的第（三）项也应是暂时性的规定，而对于（一）的贯彻应进一步落实。”陈先生认识到数学教育的改革是长期的，贯彻精简纲要“这是数学教育具有生气的开端，当然是温和的，不能希望会有太多的结果”。由此可以看出，陈先生一方面在不断探索数学教育改革的方向，另一方面也对改革进程保持理智的态度。

在总结数学教育时，陈先生充满激情地写道：“处这个大时代，要过有意义的生活，做有意义的工作，必先具有理解自然和洞察社会的能力。所以必须养成对于这种能力有效果的‘思想和行动的习惯’，这就是教育。数学教育呢？学了数学，要能够分析和理解这种思想和行动的习惯中所不可缺少的‘数量与空间关系’。”理解和分析数量和空间关系，是数学的特征，也是数学特有的任务。陈先生指出，“数学教育首先要综合和统一下列（甲）、（乙）两方面：

（甲）数学是物质支配及社会组织的一种手段；
（乙）数学具有特殊的观念和方法。

然后用教育的技术，指导学生学习数学，就是说：

（丙）顺应学生的心理，分配教材，指导学生学习。

陈先生又指出，我国过去的数学教育的主要问题有：“第一，教材全部是陈旧的——十八世纪以前的，把近代数学置之度外”；“第二，内容太偏重论理性，忽视学生的心理过程”；“第三，对于理解近代科学和社会，太少力量”。这些分析切中时弊。

对于如何精简，陈先生提出具体建议：

（一）代数计算中，一切繁难的，非实质的计算，缺少真实性的问题都应该除去。三角法也应该如此处理。

（二）学习几何，应该从直观几何入门。论证几何，应该简化。将公理的条数适宜的增多，……又把普通几何教科书中的难题，全部除去，……这样的简化，对于几何教育的目的，仍未有所损失；因为简化了的几何学，不但仍保留着论理的精神，并且空间的基本事实，仍得一一了解之故。

对于如何补充，陈先生也提出具体建议：

（三）微积分的概念，是可以平易直观地说明的。中学生应该理解速度与加速度的关系，二次函数的变化率，（简单）曲线形的面积的求法等等，从这些事项，微分和积分的概念，可以油然而生。添加了一点微积分的概念和计算法，便可应用到近代科学上去，使数学和产业技术有密切联系。

（四）增加社会经济方面的数学，这样对学生认识社会有帮助。例如统计的基础知识等。

对于函数观念，陈先生极其重视，并认为应是精简后教材的核心。他说："所谓函数观念，其义深广，并非专指函数的解析表示，或函数的图表。……假如能够理解量与量之间的关系，对于实际生活就有用处。……以函数观念作数学教育的核心，就是要数学和人生保持密切的联系。"

对于数学史的教学，陈先生也很关注。他说："教授数学史，不但可以提高学生学习数学的兴趣，数学史料也是数学的一部分，学生应该知道它的大意的。关于中国的部分，尤可以增高爱国的情绪。但是数学史料，不宜以中国为限……数学史即为数学的一部分，宜随处插入，不必设专科。"①

① 陈建功．二十世纪的数学教育 [J]. 中国数学杂志，1952, (2): 1–21.

从这些具体建议可以发现，陈先生对新中国中等学校的数学教育改革方向是看得非常精准的。这也引发我们对21世纪数学教育改革方向的思考。

二、解读《二十世纪的数学教育》后的若干思考

（一）对于数学教育原则的思考

《二十世纪的数学教育》发表至今已有70年，数学在应用方面更是突飞猛进。随着计算机和网络的普遍使用，当今世界已步入数字化时代，数学成为各个领域普遍使用的重要工具，数学技术已成为当代最重要的技术手段之一。

数学理论和应用的发展，是我们考虑新世纪数学教育如何改革的重要基础。数学教育改革的进程要与这种发展相适应。“学科在前进，教育却依旧”的现象，不能再继续下去。

随着科学技术的高速发展，各国的生产力和经济基础都有不同程度的提高，作为上层建筑的教育也随之发生巨大变化。这种变化又给予社会的政治和经济重要的影响。在我国，40多年的改革开放也带来教育事业的蓬勃发展。随着《义务教育法》的颁布施行，基础教育规模迅速增大，教育的质量也有很大提高。

由于大力提倡素质教育，对于知识和技能以外的培养目标，例如创新精神和实践能力，也更加引起了人们的重视。科技的发展，使得传统的劳动方式不断向知识型的劳动方式转化，正如人们所预言的“今后的工作领域将是更少体力的而更多脑力的，更少机械的而更多电子的，更少因循守旧的而更多革新创造的……”。整个社会对新一代人的要求（当然包括数学知识和数学能力方面的要求）大大提高。正如邓小平同志所说：“教育要面向现代化，面向世界，面向未来。”[①] 这是我国教育发展的大方向，自然也是我国数学教育发展的大方向。

教育观念的进步和教育科学的进展，也引发了人们对于数学教育新的认识。近年来，人们更加关注“大众教育”“普适教育”，关注受教育者在人格、人文素养、实践能力等诸方面的全面发展。学习心理学理论中有关自主学习的观点，日益为大家所接受。让学生通过直接参与，积极探索，对知识进行再发现，生动、活泼、主动地进行学习的研究和实验，正在不断深入。这些变化给数学教育既带来新的问题，又提供了新的动力。

---

① 1983年10月1日，邓小平为北京景山学校题词：“教育要面向现代化，面向世界，面向未来。”

在新的形势下，数学教育怎样进行？关键在于抓住根本。今天，重读《二十世纪的数学教育》一文，我们体会到：陈建功先生对数学教育的主张，核心是要积极而稳妥地贯彻“实用性”、“论理性”和“心理性”的原则。这些主张在当时是完全必要的和非常及时的，即使在今天也同样具有重要的现实意义。

陈先生将“实用性”列为三大原则的第一条，足见其对它的重视。数学源于实践，又服务于实践。学数学在于在未来的生活和工作中运用数学知识和数学的思维方法。数学教育要面向全体学生，使他们都能有所发展、有所收获，因此，增强数学教育的实用性，是使学生明确学习目的，理论联系实际，锻炼实践能力所必需的。

在今后的数学教育中，数学知识的应用不能再单纯地停留在简单测量、会计常识等小生产初级阶段的水平，而应逐步与现代生产、现代生活的水平接轨。在当今数学应用日益广泛深入科学与社会的各个领域的大背景下，选择哪些联系实际的学习内容和怎样深入浅出地让学生学习这些内容，使具有时代气息的数学应用进入中学教学，是值得不断探索的课题。

“论理性”是数学教育的鲜明特点，学习数学可以培养学生的运算能力和逻辑推理能力，可以培养学生的创新意识和应用意识。正如陈先生所说：“仅仅乎实用性原则，不足以支配整个数学教育。……数学并不是公式的堆垒，也不是图形的汇集，数学是由推理组成的体系。……假如把数学当作图形集成或公式采编看待，忽视其方法和构造，那么，对于自然支配、社会组织，不但不成为一种武器，有时且成为有害的东西——例如将数学机械地乱用，得出不合理的结果。”数学教育要重视“论理性”，这与现在常说的“让学生学会数学思想方法”“数学教育不仅要重视结果，更要重视过程”等是一致的。

数学不是一门只强调计算与规则的课程，而是一门讲道理的课程，“论理”就是讲道理。但是，提倡“论理性”的原则，并不是一味地强调推理的严密和体系的完整，而是既要体现“论理性”，又不片面夸大它。在数学教学中，讲道理并不等同于纯粹的形式证明，这种认识也反映在陈先生对几何改革的建议中。怎样恰当地体现数学教学的“论理性”，这也是需要与时俱进探索的问题。

“心理性”的原则在当前数学教育改革中尤应引起重视。应该看到，在以往的数学教育中，学科方面考虑得多，学生方面考虑得少。这也是对一些学生的数学教育不成功的重要原因。当今，“以学生发展为本”的教育思想逐渐确立，教育心理学的研究不断深入，数学教育改革应特别考虑学生的心理因素。对“为什么教学生学数学？”“教学生学什么样的数学？”和“怎样教学生学数学？”这些数学教育中基本问题的研究，都离不开认知规律。

没有爱就没有教育，没有兴趣就没有学习。将心理学的成果运用于数学教学，遵循认知规律，最大限度地调动每个学习者的潜能，使数学学习更生动活泼，从而更有效，这在数学教育中极具现实意义。陈先生批评不注重心理性的教育“没有教育的价值”，这又一次提醒我们：要实现数学教育的价值，必须尊重学生的心理发展规律。

我们认为：上述三个原则，在今天仍不失为数学教育的基本原则。我们应结合新的实际情况，在实践中对它们不断加深认识和加以贯彻。

（二）对于借鉴外国数学教育的思考

《二十世纪的数学教育》一文介绍了外国数学教育的有关材料，从中可以看出陈先生非常关心国际数学教育发展动态，重视借鉴他国的经验教训，这种虚心的治学态度和严谨的治学方法是研究数学教育所不可缺少的。

从《二十世纪的数学教育》一文可以发现陈先生在对待外国数学教育上，持分析批判的态度：对于其中有进步意义的东西（例如数学教育改造运动的基本精神等），予以充分肯定并提倡向之学习；对于其中不可取的东西（例如意大利1923年至二战期间逆改造运动精神的中学数学教育），则予以鲜明的反对。他说他在《二十世纪的数学教育》一文中，“把外国的数学教育，噜噜苏苏说了许多的话”，而这样做的目的非常明确，就是要洋为中用，借助外国数学教育这块“他山之石”，引出中国数学教育的“美玉”。

我们现在研究外国的数学教育，目的也是搞好自己的事情。一方面应该积极向外部学习，另一方面应注意结合本国国情。在借鉴方面，切忌盲从，不应不求甚解地追潮流。国外的数学教育有许多值得我们借鉴的东西，但全盘照搬不行。前些年，美国数学教育提倡以“问题解决”为核心，“合作学习”和“轻松愉快的学习”的呼声很高，而把对计算和推理等的基本要求降得很低，结果使得教育质量下降，引发“加州数学大战”这样的争论。美国内布拉斯加大学数学教授史蒂文·邓巴认为：“目前美国中学的多数学生只知道把数字填进公式里，而不去理解怎样运用这些数据去解决实际问题。这正是我们在中学数学教育方面失败之所在。”2000年《美国学校教育数学的原则和标准》正式发布，其中有了改变“问题解决”的核心地位，提高推理方面的要求等一系列新变化，旨在纠正偏差，提高数学教育质量。

对于借鉴外国数学教育方面，不能全盘照搬，要勤于学习，还要善于学习。陈先生教学研究的方法和态度，是值得我们学习的。

（三）**对教学内容改革的思考**

教学内容的改革是数学教育的重大问题。随着时代的发展，原有教学内容中不符合时代要求的部分必须删减，同时必须增加时代所需要的内容。陈建功先生在《二十世纪的数学教育》一文中，对于当时的教学内容的增减提出很有道理又很有远见的意见。他主张首先要简化运算，坚决地除去繁难的、非实质的、脱离实际的代数和三角运算，简化论证几何，同时力主增加微积分，并用平易直观的方法来处理，还要增加类似统计这样的联系实际的新内容。遗憾的是由于当时历史的局限性，这些主张未能完全得以实现。长期以来，我国的中学数学教学内容在删繁就简方面已取得一些成绩；但是在内容更新方面却进展甚微。

20世纪50年代在教学内容上学习苏联，结果使得微积分、概率统计等内容长期被拒于中学之外。直到40多年后，微积分、概率统计、向量等内容才被列入《全日制普通高级中学数学教学大纲（供试验用）》，并被编入《全日制普通高级中学教科书（试验本）：数学》。20世纪最后一年，在两省一市进行了关于这些内容的教学试验。进入21世纪以来，这些内容又被列入2003年的《普通高中数学课程标准（实验）》试行，2017年正式落地，2020年进行了修订。特别值得注意的是，信息技术的突飞猛进，对数学教学内容的选择和教学手段的革新产生了巨大的影响，而且这种影响的发展速度超出人们的想象。预计今后信息技术与数学教学的紧密结合，将是数学教育的一大发展趋势。

总之，随着时代的进步，数学教育也将不断进步。希望数学教育界的同志都关心它，更希望我国的数学家也都能像陈建功先生当年那样，对数学教育予以更多的关注和支持。

第四节　陈建功数学教育思想对高等数学教育改革的启示

数学是研究现实世界中抽象出来的空间形式和数量关系的科学。虽然近年来我国在高等数学的教育方面取得了一定的成绩，但是，在取得成绩的同时，我国高等数学教育也面临一些问题。我们可以从陈建功先生 40 多年的大学教育经验中获得启示，从他的数学教育思想中获得指引。

陈建功主张教学与科研是相辅相成的，坚持“学贵讲，尤贵行”的治学理念。他的治学理念主要表现在四个方面：科学兴国，坚守诚意；教学相长，知行合一；与时俱进，应用创新；因材施教，注重心理。①

一、科学兴国，坚守诚意

陈建功自幼受刘宗周等爱国教育志士的影响，“精忠报国”的思想深扎在他幼小的心灵中。他立志出国深造，力求科学救国，学成之后多次放弃国外的优越条件毅然回国任教，首创用中文编写大学数学教材，用普通话讲授现代数学，在当时是绝无仅有的。在国家最困难之际，他也丝毫没有远离祖国，而是充满着对新中国的热爱。他毫不犹豫地鼓励大儿子参军，这样的爱国行为在当时的浙江大学中起了模范带头作用，同学们也因此更坚定自己献身祖国的意志。陈建功深知科学兴国的精髓并领悟到，从整体上提高数学水平对于中国现代数学的发展具有重要意义。没有一支一定数量的、洞悉现代数学前沿进展的、训练有素的科研骨干队伍，是难以实现这个目标的。整整 40 年时间，他分别在浙江大学、复旦大学、杭州大学带领出三个团队，建设着中国自己的数学攻坚队伍，进而达到振兴中国现代数学的目的。

二、教学相长，知行合一

教与学是相互促进的，在教学过程中，应特别注重师生互动。陈建功深受儿时蕺山书院的教育、教学思想的浸润，继承书院的思辨教学优点，并开始倡导“数学研究”，即在数学研究中与青年教师、学生一起讨论，互相提问，共同研究，真正实践了教学相长的思想。为了开办“数学讨论班”，陈建功与苏步青

---

① 王晓军，陈翰馥．知行合一：陈建功的数学教育思想与治学理念 [J]. 自然辩证法通讯，2020(8): 114–119.

建立了每周一次的“讨论发布会”预告制度，由导师向学生介绍国际上的最新研究文献，引导学生分析当前数学研究的新动向和存在的问题，启发学生拨开重重迷雾，寻求研究方向，以便开拓新的研究领域，探索最佳研究思路和解决问题的途径。①② 同时，为了更好地实现知行合一的目的，陈建功“常常为了讲好一堂课，舍得花几倍的时间去阅读，钻研教材，比较讲授方法，设想学生的多种思维疑难，予以逐个解剖分析，并将讲授的内容熟记在心，即使对讲授多遍的教材内容，也从不掉以轻心，总是认真备课，反复推敲，不断创新，力争从内容到形式，年年更上一层楼”。陈建功在自己的教育生涯中自觉体验与实践着这种思想，从而把它化为自己的数学教育思想与教学实践。也正是陈建功坚持推进“教学与科研是相辅相成的”教育实践，不仅培养了一大批年轻有为的学生，而且使浙江大学、复旦大学、杭州大学的一批批年轻教师很快脱颖而出，成为教学、科研的骨干力量，使得我国的现代数学教学研究长期保持着蓬勃向上的发展势头。③ 具体表现在以下几个方面。

首先，培育工匠精神。教师首先要做个教书匠。1956 年国家号召“向科学进军”，当时很多教师认为给学生上课是“输出”，而自己做研究工作是“输入”，所以很多教师不愿意做教学工作和学生工作，喜欢做科学研究工作。针对这样一种风气，陈建功提出：“教师首先要做个教书匠，而且要做个出色的教书匠。”此外，他认为“教学与科研是相辅相成的，互相促进的”。他自己就是践行着这样的宗旨。他曾经说过，教师上一堂课，就如同打一场仗一样。听过陈建功上课的人都知道，他上课从不带讲义，从不照本宣科，只拿着一支粉笔，就能一口气讲到下课。他一上讲台就精神百倍，下了讲台则是满身粉笔灰，这就是陈建功给学生留下的印象。除此之外，陈建功对备课也是非常认真的，他对实变函数论虽然非常熟悉，但在每次上课前都会默念一遍。这也使我们深刻地认识到：要做到上课不照本宣科，就必须提前做好充分的教学准备，不是死记硬背，而是要事先理清自己讲课的思路、要解决的问题，以及要讲授的基本概念、基本理论和基本方法等等；要考虑好如何提出问题，怎么分析、证明问题，证明

① 薛有才，赵北耀．陈建功的数学教育思想研究 [J]. 运城学院学报，2014(5): 1–4.

② 骆祖英．一代宗师——钝叟陈建功 [M]. 北京：科学出版社，2007: 36.

③ 薛有才，赵北耀．陈建功的数学教育思想研究 [J]. 运城学院学报，2014(5): 1–4.

的主要思路、主要步骤等等。这样，讲课才能有启发性，“不愤不启，不悱不发”。陈建功从事高等教育工作多年，治学严谨。在教学中，他十分注意深入浅出，善于用通俗的语言讲解难懂的数学原理。他年过花甲，还给数学系的学生上大课，是一位不知疲倦的老教授。在陈建功的一生中，教书育人与科学研究两者始终并举，并且相映生辉。

其次，授人以鱼与授人以“渔”。据陈建功弟子、复旦大学教授任福尧回忆，陈建功先生在培养学生方面也有他自己一套独到的教育理念。“首先，陈先生认为，培养研究生，最重要的就是培养他们独立研究工作的能力。他说：‘我培养研究生，主要是培养研究生独立研究的能力，包括独立的学习能力、研究能力和创造能力。’他非常反对为了读书而读书，认为读论文更重要的在于创造。其次，陈先生在培养学生的时候总是奉行严格要求的宗旨，他从来不会回答我们阅读论文中遇到的具体问题，他只引导我们如何提出问题、分析问题、研究问题。陈先生当时的教学风格给我留下了深刻印象。后来，我们这些陈先生当年的学生也是如此来培养学生的，因为我们深切地体会到只有这样培养出来的学生才能有很强的科研能力。学生通过刻苦钻研，遇到问题通过自己的努力，通过参考书和同学间的互相讨论来解决，可以培养自己的学习能力、阅读论文的能力和研究能力。只有通过自己刻苦努力得来的知识才会比较扎实，‘得来全不费功夫’的东西也很容易忘记。正是由于他具有广博的知识底蕴和深厚的科研功力，才能带领年轻人不断地开疆辟土，向新研究领域进军。可见，在研究生教育中要坚持教研结合、教学相长，导师要不断提高自己的学术水平和洞察前沿领域的能力，这样才能严师出高徒。”

最后，给学生留下深刻印象的是“数学讨论班”教学研究模式。自 1931 年以来，陈建功与苏步青在浙江大学数学系开展“数学讨论班”教学研究活动，以培养学生的独立工作能力和科学研究能力。后来这种“数学讨论班”教学研究模式很快被推广，在浙江大学、复旦大学和杭州大学乃至全国高校蓬勃发展。[①] “数学讨论班”教学研究模式的实施，不仅丰富了数学教学活动，使枯燥的数学教学变得妙趣横生，而且促进了课堂上师生之间的互动，充分发挥学生的自主

① 王晓军，陈翰馥. 知行合一：陈建功的数学教育思想与治学理念 [J]. 自然辩证法通讯，2020(8): 114–119.

精神，极大地调动了学生学习的积极性。不仅让每位同学在汇报的过程中积累了知识，锻炼了能力，同时也在参与讨论中增长了见识，拓宽了视野，吸取了经验，受到了启发。①“数学讨论班”的发展有利于提高学生的科研能力和团队精神，也有利于培养学生问题解决和交流表达能力，真正做到了知行合一与教学相长的融合。当年参加讨论班的年轻人，不仅接触了当时最富有挑战性的研究课题，更重要的是在攻克难关的实战中受到了创新思想的影响，培养了科学的思考方法，锻炼了研究能力与创造能力。

三、与时俱进，应用创新

数学已经不再只是培养学生逻辑思维能力的载体，或是其他学科进行运算和表述的工具，其本身就可以直接产生巨大的经济效益。为了能使学生在未来的生活和工作中更好地运用数学知识和数学思维方法解决实际问题，陈建功注重培养学生创新精神，帮助学生解决生活中的实际问题，让他们体会到数学的实用价值。主要体现在以下几方面。

首先，注重基础创新，即“老母鸡孵小鸭”②。20 世纪 50 年代，新中国在数学研究和数学教育方面与国际先进水平相比有明显差距，许多研究领域存在空白，一些前沿课题尚无人问津。为了改变落后，弥补不足，赶超先进，推陈出新，尤其是在对“复变函数论”的一些问题研究中，陈建功提出了“老母鸡孵小鸭”的方法，其意有二：其一是把自己已经熟悉的函数论中的内容和方法比作“老母鸡”，发挥其“孵化”作用，为开辟新的研究领域创造条件，促成“小鸭”——新研究方向的成果早日诞生；其二是把自己比作“老母鸡”，把精通新研究领域的新一代数学人才比作“小鸭”，他要为悉心“孵化小鸭”，贡献力量，发光发热。陈建功在 1952 年高校院系调整后，从浙江大学调到了复旦大学。国内当时大力提倡“向科学进军”“创立新学科”，而复旦数学系里只有微分几何、函数论和积分方程等研究方向，没有新兴的泛函分析、偏微分方程、概率论、力学等研究方向。如何来建立新学科呢？陈建功认为，虽然数学中不同的研究领域在内容和方法上存在差异，但是任何新内容和新方法都不是孤立地从天而

---

① 薛有才，赵北耀．陈建功的数学教育思想研究 [J]. 运城学院学报，2014(5): 1−4.

② 田载今．“老母鸡孵小鸭”——陈建功数学教育思想一瞥 [J]. 数学教育学报，2009(5): 10−12.

降的，它们与大家已经熟悉的某些相关内容和方法有着这样或那样的联系，我们可以充分借助现有基础，迈入相关的前沿领域，去学习和掌握新的学科，并争取有所发现、有所创新。1958 年以后，复旦大学数学系就在校、系党组织的领导下，一方面派部分教师出国进修，一方面让部分教师转学新学科，再一方面提前把部分应届毕业生留校学习新学科，就这样渐渐开始创立了泛函分析、现代微分几何、概率论与数理统计、力学等新学科。在这种创新的教育方法下，我国相继开拓了单叶函数论、复变函数逼近论以及拟似共形映照等新的研究方向，并且取得了卓越的成果。事实上复旦大学数学系在 20 世纪 50 年代发展计算数学和力学两学科时，就是由于陈建功在 50 年代早期招收了大量函数论方面的研究生，然后其中的骨干研究生如欧阳圀、王开福、李立康、张开明等分别转向力学方向和计算数学方向而获得成功的。陈建功这样的主张确实是发展新学科和新方向的可循途径。其实，在学术领域，陈建功的思想一直很开放，他总是鼓励他的学生去开辟新天地。早在抗日战争胜利后，他就把程民德和孙以丰推荐给北京大学江泽涵，并要孙改从江为师攻读拓扑学；其后又把越民义推荐到数学所，师从华罗庚学数论，后来越民义因工作需要转到运筹学的新方向。他和苏步青又把浙大数学系毕业生中的佼佼者王元推荐到数学所，师从华罗庚专攻数论。他的学生开辟新方向且取得卓越成就者甚多，如：叶彦谦在常微分方程方向；秦元勋出国改学拓扑方向，获哈佛大学博士学位回国后，又转攻常微分方程方向；张鸣镛在位势论方向；李训经在控制论方向；等等。他们都受益于陈建功在实分析和复分析方面的过硬训练，以及老师的严格治学精神的长期熏陶，并在老师的鼓励下在新方向的发展上取得了杰出成就。陈建功的一生燃烧了自己，照亮了别人，将永垂于青史。

其次，与时俱进地推陈出新。陈建功刚到复旦大学时的主要研究方向是三角级数。到了 1954 年前后，他同时转去研究单叶函数论，当时，他堪称国内研究单叶函数论的第一人。到了 1956 年，苏联科学院发表了一篇关于拟似共形映照理论的文章，这是当时国内学生所能接触到的最早的一篇关于此理论的文章。陈建功在拿到这篇俄文文章后就当即将它翻译成了中文，并将其编成教材，亲自用它来给研究生上课。随后，他开始钻研拟似共形映照理论，之后又相继发表了多篇关于此理论的学术论文。陈建功那种不断推陈出新、与时俱进的精神，是留给学生们的一笔巨大的精神财富，也深深地影响了他所培养的学生。任福尧回忆说："我最开始也是在陈建功教授的指导下研究单叶函数论的。在'文化大革命'以后，我开始探索研究 Hp 函数空间，随后发现此理论虽然在国内还未兴起，但在国外已经相当成熟并且开始走下坡路了，于是就放弃了。1992 年之后，在杨乐院士的推动和鼓励下，我带领学生开始研究复动力系统。到了 1996 年，武汉大学的文志英教授来复旦讲学，介绍分形几何。他提到，在法国，据说分形几何和石油开采有关，我当时认为此理论可能具有相当大的应用价值，于是我就又带学生开始研究分形几何及应用。陈建功教授的学术思想对我的学术和科研道路产生了深刻的影响。此外，陈先生不断推陈出新、与时俱进的研究思路至今仍对复旦大学整个数学系具有相当大的现实意义。我刚来复旦的时候，我们四个研究生跟着陈先生研究单叶函数论，我们国内也有很多老师和研究生从事单叶函数论的研究。然而单叶函数论中的核心问题——比伯巴赫猜想在 1984 年被国外的人所证明后，这一研究方向在我国就如秋风扫落叶般很快没落。幸亏当时我们早已从单叶函数论的研究中转移了出去，所以这一事件对我们数学系函数论组没有产生什么不利影响。后来，复旦大学函数论组的研究方向从单叶函数论发展到复动力系统和分形几何、拟似共形映照理论和多复变函数论，这些方向正是沿着陈建功教授的与时俱进的学术思想发展的。我们复旦大学数学科学学院的研究方向也在随着时间的推移而蓬勃发展壮大。在学术上究竟应该如何与时俱进，推陈出新？陈建功先生就是通过身体力行，给我们做了很好的榜样，并将这样的好传统留给了他的后辈们。"

四、因材施教，注重心理

由于数学具有抽象性、演绎性与符号语言体系的特点，陈建功对数学教育提出了心理的原则，"教材的内容，对于学生宜富于兴趣；枯燥无味的东西，决不能充作教材……应该站在学生的立场，顺应学生的心理发展去教育学生，才能满足他们的真实感"[①]。因此陈建功提出数学教育一定要符合学生的心理发展过程，从教材内容组织、教学计划制订、教案撰写、课堂组织等各方面都要符合学生的心理发展要求，注意学生的心理变化、知识结构与接受能力，用合

① 陈建功.二十世纪的数学教育 [J]. 中国数学杂志, 1952, (2): 1–21.

理的方式揭示抽象的数学思想，变枯燥无味为生动有趣。只有这样，才能让学生克服对数学的畏难情绪，从而产生好的数学教学效果。①同时他在《二十世纪的数学教育》中指出，支配数学教育的目标、材料和方法，有三大原则：实用性原则、论理的原则和心理的原则。而如今的大学数学教育也应该遵循这三个原则。

陈建功的数学教学，有一套独特的、行之有效的方法。因为教学目的是要把学生培养成能出实际成果的数学研究人才，所以方法服务于目的，一切皆着眼于此点。他编写教材，总是立意高远，取材艰深，以学生不作艰苦的独立思考就不能读懂为标准。陈建功是不允许学生不加思考地提问题。他给了你一本书，又给你讲了课，这就指明道路了，你自己去走吧。碰到障碍，你得自己去克服，去跨越。不懂呢？不懂是岂有此理，所以不懂要反思，因为压根儿就不该不懂。这似乎有点不近人情，但是须知，这是在培养学生的研究能力。要求学生像搞研究一样地读书，是培养研究能力的必由之途。书上的知识都是人家已经研究清楚、叙述明白了的；而且这是数学书，对于数学命题及其推导，要么对，要么错，绝不会出现众说纷纭、莫衷一是的情况。数学定理一旦得到证明，客观上就有一条从已知条件导向结论的逻辑通道，这条通道对任何人都是敞开的，不应该有“想不通”这样的事情。数学定理是最合理的，因此也不应该有“不理解”这种事情。从某种意义上可以说，数学家的思维并不属于他个人，而是属于全人类，数学家是代表着全人类在思考。如果你连已经建立的通道都走不过去，将来又怎么可能凭自己的能力去探索钻透一条未知的通道呢？如果书读不懂可以问人，可以借别人的大脑而求得其懂，那么，将来研究一个未知问题碰到困难时，又向谁去借一个大脑呢？陈建功“不近人情”的教学法，恰恰是让学生通过读书既获得已有的知识，又获得研究工作的实地训练。这对于今日大学中教学与研究严重脱节的弊病，不啻为一副对症的良药。

陈建功讲课，从来是空身走进教室，不带书本，不带讲义，不带纸张，他只请值班学生替他准备几支粉笔。他所要讲的公式、定理、理论，都当场在黑板上演算、推导、建立起来。这样做，就是在重现科学研究的过程，不仅教会学生理解讲课的内容，更让学生体会到别人当初是怎样得到这些知识内容的，

---

① 薛有才，赵北耀．陈建功的数学教育思想研究 [J]. 运城学院学报，2014(5): 1–4.

从而领略从事创造性研究的境界，增强自信心。顽强的进攻意识，是优秀运动员的重要素质，科学家同样需要有向未知问题勇敢进击的精神。陈建功的授课方式，与那些著名的体育教练，颇有几分相像。然而，这样讲课、备课就得多下不知几倍的工夫。当堂演算是要担风险的，即使最老练的数学家也难免在细节上误入歧途或小有疏漏，以致整个进程受阻，有时还需要旁观的听众点拨一下，帮着排解纷扰。能不能这样做，敢不敢这样做，不仅是对一个教师能力的测度，更是对他人格、胸怀、精神境界的检验。

外国科学家的逸闻趣事是陈建功课堂教学中乐于分享的插曲。① 魏尔斯特拉斯是德国数学家，曾长期担任中学教师，在 40 岁之后才发表关于解析函数论的重要论文，后调入柏林大学任教授，还被选为法国科学院、柏林科学院院士。陈建功每当在课堂上讲到魏尔斯特拉斯定理时，总要站到讲台旁做上几个体操动作，接着告诉大家，魏尔斯特拉斯年轻时是个体育老师，四十几岁才开始搞数学，60 多岁才真正成名，可见研究数学不必因年龄增长而丧失信心。② 陈建功在课堂上还讲，比如控制论的创始人、美国数学家维纳（Wiener，1894—1964）不善交际，走在路上一边走一边往上方扔花生米，昂着头用嘴巴去接，边走边吃，眼睛只向上看，就免得跟别人打招呼了。又如德国数学家高斯（F. Gauss，1777—1855），每天伏案工作，久而久之，写字台的地板上磨出了两个脚印。在讲解“杨不等式”时，陈建功便介绍美国人杨的全家都是数学家。在提到阿达马这位法国数学家时，陈建功就显得颇为激动，因为阿达马曾是熊庆来的导师，1936 年 4 月应清华大学理学院院长兼数学系系主任熊庆来的邀请到清华大学访问 3 个月。陈建功介绍说，阿达马威望很高，他带夫人一起出席国际会议时，别人以能吻他夫人的手为荣。他还讲道，苏联女数学家巴莉是个舞蹈家，她丈夫卢津是苏联科学院院士，十月革命胜利之初，卢津对革命不理解，态度比较消极，曾受到苏联科学院的批评，后来他提高了认识，改变了看法，开始拥护革命，为国家培养了许多优秀人才，有的成长为著名数学家。③ 陈建功介绍外国数学家的目的，当然不是作秀，而是教育自己的学生，同时也用以

---

① 骆祖英 . 一代宗师——钝叟陈建功 [M]. 北京：科学出版社 , 2007: 152.

② 蔡漪澜 . 一代学者陈建功（下）[J]. 自然杂志 , 1981, 4(3): 195−202.

③ 蔡漪澜 . 一代学者陈建功（下）[J]. 自然杂志 , 1981, 4(3): 195−202.

自励。他认为一个人成名不在迟早，贵在对数学研究的坚持。虽然他也曾以一个人是否做过研究工作来衡量他能否独立开课，但更多的是以此来鼓励年轻人多出成果，多发表论文。他谆谆告诫他们，只要能不断进行研究，经过一定时间的训练和锻炼，一定会做出成绩、取得成功的。

陈建功非常重视数学基础理论的教育，他认为数学基础理论教育必须是高标准的。为了加强理论基础的教学，陈建功除了选用国外优秀原版教材，还克服重重困难编写教材讲义。数学基础理论与数学创造两者相对独立，但又处于相互促进和转化的动态循环联系之中，陈建功在数学教育实践中很好地处理了这两者之间的关系，使得他的学生既具有深厚的理论基础，又具有创新意识与能力。

第五章 陈建功数学教育思想的继承与弘扬

第一节 求学之路

一、蕺山书院与绍兴府学堂

蕺山位于绍兴市区东北隅，越王勾践为报仇雪耻，常到此山采食蕺草以自励，故得名。蕺山书院位于蕺山南侧，明代儒学大家刘宗周在此讲学15年，最终开创蕺山学派。其为国尽忠的高尚气节，“慎独诚意”之道德理念，对后世影响巨大。1902年，蕺山书院改名为山阴县学堂，以启迪民智，教育人才。1905年9月，袁世凯、张之洞奏请停止科举考试。清政府发布上谕，自1906年开始，所有乡试、会试一律停止，各省岁科考试也立即停止，并令学务大臣迅速颁发各科教科书，严饬府州县设新式学堂。新建立的学校教育制度规定，高等小学堂学制4年，学生12岁入学，学校开设修身、读经讲经、中国文学、算术、中国历史、地理、格致、体操等科目，并根据具体情况加开手工、农业、商业等随意科。

1905年，陈建功进入了绍兴山阴县学堂学习。陈建功深受书院文化的熏陶。他敬仰蕺山学派盟主刘宗周（字念台）为国尽忠的高尚气节，经常给学生讲述刘宗周的故事。抗日战争全面爆发后，陈建功为了学习宁死不肯变节的刘念台，就给自己起了个别名叫“陈念台”，以明宁死不当亡国奴的爱国情怀。其间，陈建功读书十分专心，而且科目成绩优秀。1909年2月（清光绪三十四年十二月），从山阴县学堂毕业的第一届学生有陈建功、范文澜等16名学生。1955年，陈建功、范文澜两人被聘为中国科学院学部委员（院士）。陈建功的教育理念与爱国情怀，与他儿时受到蕺山学派刘宗周的“慎独”思想熏陶有着密切关系。

从山阴县学堂毕业后，陈建功考进了绍兴府学堂。该学堂历来以治学严谨著称，陈建功就读期间，鲁迅先生从日本回国，在此担任学校监学兼生理学教员。其“横眉冷对千夫指，俯首甘为孺子牛”的精神，也给陈建功以深远影响。

二、就读师范获启蒙思想

1910 年，年仅 17 岁的陈建功以优异的成绩考入浙江两级师范学堂。浙江两级师范学堂又称浙江官立两级师范学堂，其前身是 1899 年设立的养正书塾，后改名为杭州府中学堂（1901 年）、浙江官立两级师范学堂（1908 年）、浙江省立两级师范学校（1912 年）、浙江省立第一师范学校（1913 年）。学校面向全省各县招生，要求年龄在 18~40 岁的廪、贡、生、监都可以报考，遂报考者数以万计。浙江两级师范学堂是当时全省规模最大的新式学堂。

近代教育家经亨颐校长、在该校任教的鲁迅先生，都是绍兴乡贤。这两位从日本留学归来的师长对陈建功影响巨大，直接影响着他未来学习工作的发展和选择。在此期间，陈建功逐渐发现了自己对数学的浓厚兴趣。时值辛亥革命前后，社会上“科学救国”“实业救国”的呼声很高，这使他逐渐产生了要振兴我国的科学和实业首先要振兴我国的数学的想法。这一想法，随着他对数学兴趣的日益浓厚而越发坚定。当时，到国外深造，学习科学知识，是有志青年的一大目标。毕业之后，陈建功毅然选择去日本留学，开始了东瀛留学生活。

三、三度赴日本求学数学真理

（一）官费留学开拓科学视野

1913 年底，陈建功来到日本。考虑到浙江是丝绸之乡，染织人才奇缺且大有可为，且工科类官费留学生名额最多，陈建功进了东京高等工业学校染色科学习。为了坚持学数学，他又考进东京物理学校，白天学化工，晚上念数理。1918 年，陈建功从东京高等工业学校毕业，次年又得到了东京物理学校的毕业文凭。学成后归国，他来到浙江甲种工业学校担任染织课程的教学工作，同时利用业余时间钻研数学，负责指导一个数学课外兴趣小组。

（二）二次留学求知现代数学

1920 年，酷爱数学的陈建功二次东渡，考进日本东北帝国大学数学系，终于迈进了数学的殿堂。1921 年，陈建功在日本《东北数学杂志》上发表了题为《关于无穷乘积的几个定理》的数学论文，引起了人们的瞩目。他在论文中给出了一个无穷乘积收敛的新准则，同时对著名的魏尔斯特拉斯判别定理给出了一个十分简单的证明。这是陈建功发表的首篇论文，数学家苏步青评论认为，“这是一篇具有重要意义的创造性著作，无论在时间上或在内容上，都标志着中国现代数学的兴起”。陈建功是继胡明复（中国最早的综合性科学团体——中国科学社创始人、数学家）之后，在外国发表现代数学学术论文的第二个中国人。1923 年，陈建功从日本东北帝国大学毕业，回校（1920 年升格为浙江工业专门学校）教数学。次年应聘到武昌大学担任数学系教授。

（三）三次留学修得理学博士

1926 年，陈建功第三次东渡，考入日本数学研究中心之一的东北帝国大学研究生院，拜藤原松三郎先生为师，开始攻读博士学位，并参加级数论的研究工作。当时国际上盛行研究傅里叶（Fourier）分析的三角级数论，1926 年底，陈建功开始了三角级数论方向的研究。两年半时间，他在日本 4 家期刊上发表了 14 篇高质量论文。这一系列研究成果，展示了他对级数，尤其是三角级数收敛性的深刻认识。1929 年，他获得了极为难得的日本理学博士学位，成为获得该学位的第一位外国人。陈建功的出色成就被当时东京的许多报刊作为重要的新闻进行报道，一时间他成了日本的知名人物。陈建功才华横溢、享誉日本，导师希望他能继续留在自己身边从事研究。但陈建功不忘“科学救国”之初心，拒绝了藤原教授的挽留。为答谢恩师教诲，陈建功在已有研究的基础上，用日文撰写了专著《三角级数论》。著作中许多数学术语的日文表达均属首创，几十年后仍然被列为日本基础数学的参考文献。

三次东渡，异国求学十二载，陈建功凭借自己的勤奋和才华，终于成长为一位誉满东瀛、名播世界的一流数学家。

四、在国外发表论文的第二位中国数学家

在国外发表论文的第一位中国人是留美的胡明复博士。1918 年，享有很高声誉的学术刊物《美国数学会会刊》（第 19 卷第 4 期）发表了胡明复的博士论文《具有边界条件的线性积分 - 微分方程》。1947 年李仲珩在《三十年来中国的

算学》一文中指出，胡明复的博士论文“是中国人在美国发表最早的算学论文”。

第二位在国外发表论文的就是留日的陈建功博士。他的论文发表日期与胡明复的相隔不远。1921 年，陈建功在日本《东北数学杂志》上发表了题为《关于无穷乘积的几个定理》的数学论文。他在论文中给出了一个无穷乘积收敛或发散的准则，同时给出了著名的魏尔斯特拉斯判别定理的一个简单证明。这是陈建功发表的首篇论文，苏步青在《陈建功文集》序言中指出：“这是一篇具有重要意义的创造性著作，无论在时间上或在内容上，都标志着中国现代数学的兴起。”

第三位在国外发表论文的是留德的俞大维博士。俞大维是一位特殊的人物，他以《抽象蕴涵理论：一种构造性的研究》的博士论文，成为我国第一个从事数理逻辑的数学专家。[①]1922 年，俞大维在美国哈佛大学获博士学位之后，转到德国学习弹道学，兼习音乐、科学、军事，回国后进入政界，参加北伐。1926 年，俞大维在德国著名的数学杂志《数学现况》[*Mathetische Annalen*，由爱因斯坦与希尔伯特（David Hilbert）合编] 上发表 *Zur Grudlegung des Klassenkalktul*，即《类演算之基础》。该论文推广了施罗德类演算，建立了两个类演算的假设系统。施罗德的假设系统对布尔代数做了改进，用类包含关系来构造类演算，包含了布尔用等式关系来构造类演算的方法。而俞大维又在施罗德的假设系统基础上做了推进，用部分包含关系以及完全不包含关系构造类演算，涵盖了施罗德的假设系统。[②]

第四位在国外发表论文的是留日的苏步青博士。1927 年，苏步青在日本《帝国学士院纪事》杂志上发表了题为《关于费开特的一个定理的注记》（*Note on a Theorem Fekete*）的数学论文，这在日本东北帝国大学引起了很大的轰动。

五、陈建功 - 哈代 - 李特尔伍德定理

三角级数是 18 世纪产生的研究课题，其来源于两个方面：一是天文学中的插值法的运用，以确定行星在介于观测到的位置之间的位置；二是偏微分方程的研究。从 1729 年欧拉（Leonhard Euler）研究插值问题开始，达朗贝尔

① 张奠宙 . 中国近现代数学的发展 [M]. 石家庄：河北科学技术出版社 , 2000: 36.

② 陈克胜 . 中国第一篇拓扑学论文考 [J]. 中国科技史杂志 , 2012(4): 466−472.

（d'Almbert）、拉格朗日（Lagrange）等人在利用三角函数的正交性导出三角函数的系数的方法上做了许多工作。陈建功的研究就涉及这个领域，即刻画一个函数能用绝对收敛的三角级数表示的问题。1928年，陈建功证明了拉德马赫（H.Rademacher）关于一般正交系$\{\varphi n(x)\}$概收敛条件与孟晓夫(D.E.Menchoff)、博尔根（S.Borgen）和卡兹玛茨（S.Kaczmarz）给出的概收敛条件的等价性，从而说明了正交函数级数的概收敛问题可以转化为级数求和及部分和子列的概收敛问题。陈建功相继发表文章，对里斯典型平均问题和正交函数级数、勒贝格函数阶的估计等都给出了新的结果。蓄势待发的陈建功仅用两年半的时间，便在日本4家期刊上发表了14篇高质量的论文，简直让人目不暇接。1928年发表在日本《帝国科学院院报》第4卷上题为《论带有绝对收敛的傅氏级数的函数类》的文章，证明了三角级数绝对收敛的充要条件是：该三角级数为杨（Young）的连续函数的傅里叶级数。这一结果同时也被英国的哈代和李特尔伍德获得，他们将结果独立发表在德国《数学时报》上。由于日本《帝国科学院院报》创刊时间晚，在国际数学界知名度相对较小，因而数学界一般称它为“哈代－李特尔伍德定理”，其实准确来说，应称它为“陈建功－哈代－李特尔伍德定理”。陈建功的这一系列漂亮的研究成果，展示了他对级数，尤其是三角级数收敛性的深刻认识，阐明了他对相关理论的准确把握。

六、获得日本博士学位的第一个外国人

1926年秋，陈建功三渡东瀛，进入东北帝国大学数学系攻读博士，研究的重点方向之一是级数论。陈建功拜藤原先生为师，开始攻读博士学位课程，同时参加级数论的研究工作。他在导师的指点下，对级数论研究的各个方面的现状和可能情况做了深入调查，而后按照自己的认知对此进行了全面的分析判断，从而认定了自己的研究方向，进而确立了自己的研究课题。陈建功用两年半时间，在日本4家期刊上发表了14篇高质量论文。这一系列研究成果，展示了他对级数，尤其是三角级数收敛性的深刻认识。1929年他获得在日本极为难得的理学博士学位，成为获得该学位的第一位外国人。借用苏步青在《陈建功文集》序言里的一句话：“长期被外国人污蔑为‘劣等人种’的中华民族，竟然出了陈建功这样一个数学家，无怪乎当时举世赞叹与惊奇。”陈建功的数学成就震惊了

日本数学界，同仁们在新奇、赞赏之余，纷纷向他道贺。藤原教授更是喜不自胜、引以为豪。他曾深情地说："我一生以教书为业，没有多大成就，不过，我有一个中国学生，名叫陈建功，这是我一生的最大光荣。"陈建功的感人事迹和出色成就被当时东京的许多报刊作为重要新闻进行报道，陈建功与庆功大会的大幅照片以显著位置刊登在报纸的头版上，一时间陈建功成了日本的知名人物。

第二节 学者之道

一、应聘武大，开展早期数学教学

1924年，陈建功应聘担任武昌大学的数学教授。在武昌大学数学系，陈建功开始了真正意义上的高等数学教学生涯。为了教学需要，陈建功精读了霍布森（E.W.Hobson）的《实变函数论》上下两册，这为他在三角级数方面的研究奠定基础。这一时期他致力于提高武昌大学的数学教学质量，在日常教学中不仅向学生传授现代数学的基础理论知识，还常常向学生介绍新的数学信息和研究成果。他在努力提高全体学生的数学成绩的同时，还十分关注特别爱好数学且成绩冒尖的学生。我国早期数学家王福春、曾炯都是那个时期武昌大学的学生，受业于陈建功。

二、杰出弟子：我国早期数学家曾炯、王福春

我国早期数学家曾炯、王福春在武昌高等师范学校就读时，勤奋好学且成绩优秀，引起了陈建功的注意。他感觉这两个高才生不仅天资聪慧、学习得法且富有进取精神，很有培养价值，于是就对他俩多加指导，并鼓励他们积极准备，争取出国留学。

曾炯（1897—1940），字炯之，江西南昌人。幼时读过私塾，后就读于南昌市高桥小学，1917年入江西第一师范学校学习；1922年入武昌高等师范学校就读，并遇见恩师陈建功。陈建功对曾炯说："现在世界上科学最发达的国家是德国，德国的数学研究水平居世界领先地位，德国的博士学位最难得到，你最好到德国去攻读数学博士。"陈建功对世界数学发展形势十分了解，便建议曾炯去德国哥廷根大学深造。曾炯十分钦佩陈建功，导师的期望自然成了他心中的奋

斗目标。1928 年全国举办“欧美公费留学考试”，曾炯成绩优秀被分派到美国。当他看到有人要求改派出国地点并得到许可时，他猛然记起陈建功先生对他的殷切希望，便鼓足勇气大胆提出要求改派到德国留学，结果获得准许，他先进入柏林大学,1929 年转入哥廷根大学数学系学习。曾炯在导师埃米·诺特(Emmy Noether) 的指导下，凭着他的数学天赋和勤奋刻苦的不懈努力，很快便超群绝伦。短短几年，不仅顺利地通过博士论文答辩，获得了博士学位，并相继发表了三篇高水准的论文:《论函数域上的可除代数》，1933 年发表在《哥廷根大学学报》上;《论函数域上的代数》(博士论文)，1934 年发表在《哥廷根大学学报》上;《关于拟代数封闭层次论》，1936 年发表在《中国数学会学报》上。曾炯在代数理论的创建和发展上成绩斐然，先后创立了“曾定理”“曾层次”等大小 33 个定理。他是世界上早期进入抽象代数领域并做出重要贡献的数学家之一，是我国进入这一学科的第一人，是世界上对近世代数发展有重大贡献的 11 位代数学家中唯一的中国人。曾炯于 1935 年回国，经陈建功先生推荐，到浙江大学当副教授,1937 年后到北洋工学院(天津大学前身)、西北联大、西北工学院当教授，教授代数学。1940 年因病去世，终年仅 43 岁。他的英年早逝是我国乃至世界现代数学界的重大损失。

王福春 (1901—1947)，字梦强，江西省安福县人。自幼学习勤奋、刻苦，每次考试都名列前茅，常常受到老师的夸奖。1922 年入武昌高等师范学校，先读理化系，再转入数学系学习，遇见恩师陈建功。在陈建功的指导下，王福春的数学才华得到充分展现。王福春深受陈建功先生的教诲，决心一生献身数学事业。1929 年，他受江西省教育厅的委派去日本留学，进入东北帝国大学数学系，成了继陈建功、苏步青之后在该校数学系就读的第三位中国留学生。王福春生性聪敏，踏实勤奋，很快便脱颖而出，在数学研究上做出成绩。他于 1933 年发表了题为《用 Riesz 对数平均求 Fourier 级数的和》的论文，受到老师的称赞。从 1933 年到 1937 年间，王福春先后发表 17 篇论文，内容涉及里斯 (Riesz) 对数平均、蔡查罗 (Cesaro) 平均、收敛因子、黎曼 (Riemanm) ζ 函数等。他的数学成就也轰动了日本数学界。在《日本数学 100 年史》中，曾收入一位中国学者对王福春的评价:“其 (王) 成绩使日本治数学者惊异，吾国数学见重于日本，实以陈建功与先生及苏步青三君为始。”王福春于 1934 年学成归国，先后在暨南大学、浙江大学和中正大学当教授，毕生从事分析学的教学工作和研究活动。1947 年不幸病故。

三、早期学生：数学教育专家毛路真、郦福绵

我国早期数学教育专家毛路真、郦福绵都是武昌中山大学的学生，受业于陈建功。

毛路真（1904—1961），又名信桂，浙江奉化人。毕业于武昌大学（现武汉大学）数学系。曾任教于浙江上虞春晖中学、上海立达学园。陈建功学成回国担任浙大数学系系主任期间，由于师资匮乏，毛路真受陈先生邀请于 1930 年到浙江大学数学系任教，是浙江大学数学系最早的几位教授之一。1952 年全国高校院系调整时调任浙江师范学院[①]（杭州大学前身）数学系系主任，次年调回浙江大学。1958 年浙江大学恢复数学力学系，毛路真任系主任，直到去世。毛路真长期在浙江大学讲授微积分、高等微积分、微分方程、代数方程式论、数论、复变数函数论、高等数学等课程。陈建功与毛路真对中国数学教学的一大贡献是共同编著了《高中代数学》，该教材至 1952 年，已重印了 14 次，为推进我国的中学数学教学起到了很大作用。

郦福绵（1906—1984），浙江诸暨人。毕业于武昌大学数学系。郦福绵长期在浙江、上海等地中学任教，1952 年从上海市市西中学调入复旦大学数学系工作，1955 年复旦大学派出 7 人支援兰州大学，其中 4 人是数学系的，他们是周慕溪、郦福绵、谢兰安 3 位教师和毕业生陈湘绫。周慕溪任兰州大学数学系教授兼系主任，郦福绵任兰州大学数学系教师。陈建功与郦福绵对中国数学教学的一大贡献就是编著了《高中几何学》，至 1952 年，已重印了十余次，为推进我国的中学数学教学起到了很大作用。

四、浙大邵裴子校长与陈建功

浙江大学时任校长邵裴子为数学系的创立发展、延揽人才做出了杰出贡献。1929 年，陈建功获得博士学位的喜讯传到国内后，北京大学、武汉大学和浙江大学等校几乎同时向他发出了聘书。陈建功从 3 所学校中选择了条件、待遇相

---

① 1952 年，全国高校院系调整，浙江大学文学院和理学院的一部分、之江大学文理学院、浙江师范专科学校和俄文专科学校合并，成立浙江师范学院。

对较差而离乡最近的浙江大学。1928年刚刚成立的国立浙江大学，数学系新建，师资十分匮乏。陈建功其实是浙江大学的老校友，对于母校的兴旺发展，他岂能无动于衷？把自己的知识和才华奉献给曾经培养自己的母校，心里自然觉得更加踏实。浙江大学邵裴子校长是一位尽职教育家，他重视人才培养，注重师资质量，大力网罗优秀人才。邵裴子校长把陈建功请来，同时将数学系系主任的担子交给了他。陈建功看到学校初创，事多人少，凡事需大家齐心协力，多担点责任，实属责无旁贷，所以他没有推辞。他开始“双肩挑”：一边负责数学系的行政领导，事无巨细，亲力亲为；一边亲自担任教学工作，为学生开课。浙江大学数学系自1928年开始招生，第一届只有两名学生，第二届有三名学生，第三、四届略多。现在的大学生恐怕很难理解，一个大学的数学系学生人数为什么会这样少。校长为学校发展大计，需要经常召集校务会议商量对策，系主任是每会必到。作为学者的陈建功历来惜时如金，对于行政事务大量占用本属于教学、科研的工作时间，总觉得比较可惜。师资团队需要帮手，更需要建设，1931年，陈建功向邵裴子校长推荐师弟苏步青博士，并提出请苏步青接替他担任系主任，自己则专心于教学和科研工作。邵裴子校长认为让深受同事和学生敬重的陈教授辞去系主任职务不合适，当时没有明确表态。事后，陈建功三番五次向校长声明，自己这样做，纯粹是为了集中精力，专心致志地搞好教学与研究，并无他意。邵裴子是一位通情达理的校长，与陈建功相识两年，了解他为人正直，他的意见也完全是出自公心，这才勉强同意了他的请求。从此，浙江大学数学系便在函数论专家陈建功和微分几何学专家苏步青两位教授的领导扶持下，走上了独特的发展道路。

五、中国有数学讨论班之始

陈建功认为：要教好书，必须靠科研来提高；不做研究的老师，不是好老师。为培养学生阅读文献的能力，并为以后开展学术研究打下基础，陈建功、苏步青在浙大数学系首创了“数学讨论班”模式。“数学讨论班”模式，具有一定的研究性质，被誉为“中国数学讨论班之始”，在中国高等数学教育史上具有先导意义，是浙大数学系的精华。

自1931年起，陈建功和苏步青决定举办“数学讨论班”，吸收高年级学生和青年助教参加，并将“数学讨论班”定名为“数学研究”课程。20 世纪 30 年代，“数学研究”课程分为甲、乙两类。“数学研究乙”分为函数论和微分几何两个专业进行。研究班的每位成员，必须通过自学精读一本老师指定的新出版的数学专业著作，自行消化之后，轮流登台讲解，其余学生和两位教授坐在台下听，并随时向讲演者提问。提问内容涉及书中的相关章节，从基本概念到推理过程均可。后来人们称这种形式为“读书报告班”。“数学研究甲”是函数论与微分几何两个专业混合在一起。每位报告人必须事先读懂一篇由老师指定的国际数学杂志上最新发表的有关专业前沿动态的论文，而后逐个报告，并当堂由参加者提问讨论，力求每个成员都能学懂弄通。这种报告的难度显然比“数学研究乙”高，因为报告人不仅要掌握好数学的专业知识，还必须熟练掌握外语。人们习惯于称它为“论文讨论班”。[①]“数学研究”课程的实践，不仅丰富了数学教学活动，使呆板枯燥的数学教学变得生机勃勃，而且能师生互动、教学相长，充分发挥了学生的自主精神，极大地调动了学生的学习积极性。“数学研究”课程采用的方法深受师生的欢迎，那些因准备不够充分而被“赶下”讲台或“罚站”讲台（报告人讲不下去而立台者）的人都心悦诚服，再次准备时不论花多少时间和多大精力都心甘情愿。[②] 同样，对于参加讨论的其他人来说，也深受启发，进步是显而易见的。两位教授首创并大胆实践的“数学研究”课程，在校内引起了强烈的反响，师生们一致赞扬这是数学教学中的新生事物，值得提倡与推广。

六、陈苏学派

陈苏学派，又称浙大学派。20 世纪前期的浙江大学数学学派，于 20 世纪 40 年代后期达到最盛，后随 1952 年的高校院系调整而消失，其领袖人物为数学家陈建功与苏步青。[③] 该学派在 20 世纪 40 年代蜚声中外，与当时美国的芝加哥学派和意大利的罗马学派呈三足鼎立之势，享誉国际数学界。从 20 世纪 30 年代初开始，一直到 50 年代全国高校院系调整，一提起浙江大学的数学学科，学界都会异口同声说道“陈、苏”。“陈”就是陈建功，“苏”就是苏步青。

① 薛有才，赵北耀．陈建功的数学教育思想研究 [J]. 运城学院学报，2014(5): 1–4.

② 骆祖英．一代宗师——钝叟陈建功 [M]．北京：科学出版社，2007: 35.

③ 西迁浙大的数学研究所 [J]. 浙江大学学报（人文社会科学版），2011(4): 36.

陈建功曾经三次赴日本学习。1914 年，他考到了公费名额赴日留学，学习染色和数学，回国后到浙江大学的前身浙江甲种工业学校任教。1920 年，陈建功再次留学日本就读东北帝国大学数学系，于 1921 年发表了第一篇论文《关于无穷乘积的几个定理》，1923 年毕业后回国，此时，浙江甲种工业学校已经升格为浙江工业专门学校，陈建功仍在该校任教；次年陈建功应聘武昌大学数学系任教。1926 年他第三次赴日留学并攻读博士，专攻三角级数论，于 1929 年获得理学博士学位。获得博士学位后，陈建功的导师一再挽留他在日本继续研究，他婉言谢绝。就在他回国之前，他和比他年轻 9 岁、同在日本东北帝国大学数学系学习的苏步青击掌相约："两年之后我在浙江大学为你摆酒接风，我们一定要把浙江大学数学系办成全国乃至世界上著名的数学系。"两年后，苏步青如约来到浙江大学。陈建功向校长举荐更年轻、更有朝气的苏步青担任数学系系主任一职。那时候，国内有七八所著名大学争相聘请苏步青，薪金都比浙江大学高，日本帝国东北大学也曾高薪挽留，但这一切都没有动摇苏步青到浙江大学来的决心。后来他曾经说过，他之所以如此坚决应聘浙江大学任教，除了浙江是自己的家乡之外，"主要是陈建功引导的结果，他真是我的良师益友"。此后，陈建功与苏步青携手，在浙江大学从事教学、科研长达 21 年，开创了中外数学史上的"陈苏学派"，又称"浙大学派"。从 1926 年在日本东北帝国大学第一次相见，他们的友谊一直持续了 45 年，直至 1971 年 4 月陈建功在杭州与世长辞。而他们两人，从浙江大学到复旦大学，从 1931 年到 1960 年，共事时间长达 29 年，他们共同创立起来的"陈苏学派"在国内外数学界影响深远；他们培养起来的一批又一批数学家，成为中国数学研究领域的中坚力量。

1931 年以来，浙江大学共创设的数学讨论班培养了程民德、谷超豪、夏道行、王元、胡和生、石钟慈等多位院士和熊全治、杨忠道、周元燊等一批蜚声海内外的学者。①

---

① 西迁浙大的数学研究所 [J]. 浙江大学学报（人文社会科学版）, 2011(4): 36.

七、东方剑桥的美誉

1944 年 10 月，英国著名科学家李约瑟博士[①]来浙江大学西迁地湄潭考察后，称湄潭为“浙大科学活动的中心”，称浙大的一些教授为“世界第一流的科学家”，把他们看作是“中国科学事业的希望”，并称赞浙江大学为“东方的剑桥”。[②]李约瑟当时称赞西南联大和浙江大学是东方的 Oxford（牛津大学）和 Cambridge（剑桥大学）。陈建功的大弟子程民德院士回忆那段辛酸经历时说，“这一光辉的称号，可以说是用难以计数的微弱的桐油灯光照亮的”。

浙江大学在湄潭的数学研究所

李约瑟博士一行先后两次参观考察完驻遵义、湄潭的浙江大学各院系，他们对于在湄潭这样一个偏远闭塞的小县城，在如此艰苦的条件下，竟然有那么多著名学者，有那么多教学仪器，有那么浓厚的科研教学氛围，有那么多高水

① 李约瑟（1900—1995），出生于英国伦敦，英文名约瑟夫・尼达姆（Joseph Needham），李约瑟是他的中国名字。这位剑桥大学的高才生，24 岁就获得哲学和科学双料博士学位，30 岁已成为英国顶尖级生物学和胚胎学家，41 岁当选为英国皇家科学院院士。除此以外，他还当选为国际科学史研究院院士，曾担任剑桥大学教授，美国斯坦福、加州、耶鲁等大学教授。

② 王大卫，周开迅．辉煌的悲壮——1940−1947 浙大西迁湄潭纪实 [J]. 贵阳文史，2012(1): 36−43.

平的学术论文，有那样一所高水平的大学惊叹不已，深感钦佩。[①] 他后来在《战时与平时之国际科学合作》的讲演中，把在遵义、湄潭办学的浙江大学称赞为"东方的剑桥"。李约瑟回忆："在重庆和贵阳之间叫遵义的小城里可以找到浙江大学，是中国最好的四所大学之一。""在遵义之东 75 公里的湄潭，是浙江大学科学活动的中心。在湄潭可以看到科研活动一片繁忙紧张的情景。在那里，不仅有世界一流的气象学家和地理学家竺可桢教授[②]，有世界一流的数学家陈建功、苏步青教授，还有世界一流的原子能物理学家卢鹤绂、王淦昌教授。他们是中国科学事业的希望。"

八、竺可桢校长与陈建功

论及 14 年抗战中的浙江大学，人们自然就会想到竺可桢先生。浙江大学之所以能够在战火纷飞、颠沛流离的困境中迅速崛起，成为我国四大著名高等学府之一，享有"东方剑桥"的美誉，与竺可桢先生担任校长期间所发挥的重要作用是分不开的。竺可桢先生在民族危亡之际，毅然率领浙大西迁，其先进的教育理念、办学宗旨、治学经验，是我国乃至世界近代教育史上宝贵的精神财富。竺可桢先生不仅是一位有世界影响力的科学家，而且也是一位世界著名的教育家。他倡导"求是精神"，坚持民主办学、教授治校，实行"导师制"，形成一整套完整的、科学的、系统的治学理论和经验。他一生孜孜不倦，为发展中国的科学和教育事业鞠躬尽瘁，为人类的精神文明和物质文明增添了耀眼的光彩。8 年的西迁生活，陈建功和竺可桢朝夕相处，患难与共。陈建功十分敬佩竺可桢，竺可桢也非常信任陈建功。

1937 年抗日战争全面爆发，竺可桢校长决定率领浙大西迁，这对于师生来说，意味着别妻离子、前途未卜、生死攸关。陈建功自小受爱国精神的熏陶，今天眼见"科学救国"的理想惨遭凌侮，民族危亡的忧患难以避免，已到了报效国家的关键时刻，自己决不做贪生怕死之徒，发誓不离开学校半步，毅然投身西迁行列，誓与民族共存亡。他将家眷送回绍兴老家，凭吊了宁死

① 彭雅，钱丽．浙大西迁，文明新风入黔来 [N]. 贵阳日报，2009-06-03.

② 竺可桢（1890-1974），浙江绍兴上虞人，著名气象学家、地理学家、教育家。1918 年获美国哈佛大学气象学博士学位。1936 年至 1949 年出任浙江大学校长，新中国成立后任中国科学院副院长，中国科学院学部委员（院士），第一至第三届全国人大常委会委员。

不肯变节的刘宗周之后，跟随竺可桢校长，带领浙江大学的青年学子们，开始了悲壮的西迁之行。

竺可桢笔下的陈建功教授，虽然没有悲壮的英雄事迹，也没有突出的惊人举措，但却是一个朴实无华、光彩照人的大写的人。西迁中陈建功一天也没有离开过浙江大学，离开过自己的学生。他们一起挤车，一起爬山，住破庙，钻山洞，躲警报，避炸弹，真可谓生死与共、患难相依。他没有教授架子，常常跟学生谈天说地，有时还幽默地给学生讲上一段故事，逗得学生们哈哈大笑。浙江大学搬迁之地大都是偏远山区，交通不畅，设施落后，那里几乎没有戏院、电影院，要看戏得自己演，陈建功虽不善此道，但总是鼓励学生要样样自己来。陈建功对教学的要求也丝毫没有放松，仍然保持着在浙江大学的固有传统，认真备课，常常在微弱的乌柏油灯下写讲稿、改作业到深夜。有时警报响了，他仍不慌不忙，夹个备课本，掌只小板凳，到防空洞里照样全神贯注地写讲义，往往一待就是几个钟头。他与苏步青一起照常办讨论班，搞专题讲演，全部精力都投入其中。他以新成立的浙大数学研究所为依托，利用教学工作之余的有限时间和手头仅有的一些资料，努力进行数学研究。自 1936 年至 1946 年十年内，陈建功仍发表了 11 篇论文，内容从三角级数转向单叶函数，进入了一个新的研究领域。陈建功心怀报国之志，胸藏仁爱之心，辛勤耕耘，踏实工作，深受师生爱戴。他曾多次被教授们选为代表，参加校务会议，为竺可桢校长出谋划策，分忧解愁，共商学校大计。他是部聘教授、浙大教师的职评委员，平时总是严于律己，宽以待人，言传身教，为建设好教师队伍而忠于职守。当时也确有不少青年教师和职员离去，主要是因为生活清苦受不了，陈建功却始终坚守岗位，直到抗战胜利。竺可桢校长有感而发：疾风知劲草，乱世识忠臣，紧要关头方知谁是谁。真正经得起磨难是不易的，他们是民族的脊梁、事业的中坚。

九、陈门第一位研究生：程民德

程民德[①]是陈建功教授的开门弟子。1939 年 9 月，经教育部批准在浙江大学成立数学研究所，这标志着浙江大学数学系的学科水平又上了一个新台阶，从此数学系可以招收研究生了。程民德是浙江大学数学系的高才生，在战乱频仍的情况下，仍孜孜不倦地学习。他的数学基础扎实，成绩门门优秀。他深受陈建功、苏步青的影响，养成了对数学的热爱且不懈追求的品性，具备了独立解决数学问题的能力。作为毕业生中的佼佼者，他被选为陈建功教授的开门弟子。程民德曾深情地回忆道："陈先生的学术境界高超，始终虚怀若谷，永无止境。作为陈先生早期的研究生，我一直为他培养人才呕心沥血的事迹所感动。他治学唯严，对学生则诲人不倦，数十年如一日，年逾花甲还在为大学生上基础课，古稀之年还同时指导十多位研究生。陈先生的崇高理想是要改变我国科学落后的面貌，用辛勤劳动培养和造就一批国际一流的数学家。"

十、陈门研究生代表：夏道行、龚昇

陈门研究生优秀代表之一夏道行（1930—　），数学家，中国科学院院士，1950 年毕业于山东大学数学系。他数学功底扎实，数学思维活跃，数学成绩优秀，被北京大学和浙江大学同时录取为研究生。两所学校任他挑，他选择了浙江大学，做了陈建功的研究生，这唯一的缘由就是他十分敬仰陈建功教授。当时陈建功的研究方向是单叶函数论，在对称单叶函数的系数估值问题上做出过开创性的贡献，一度处于国际领先地位。夏道行天资聪慧，勤奋刻苦，学完研究生课程后，随即跟老师一起研究单叶函数论的有关课题，并取得了一系列的重要成果。1952 年，夏道行从浙江大学毕业后分配到复旦大学任助教。1978 年，担任复旦大学数学研究所副所长、教授，中国科学院数学物理研究所和山东大学数学系的兼任教授。1980 年，当选为中国科学院院士。其著作有《无限维空间上测度和积分论》、《线性算子谱理论》、《实变函数论》和《泛函分析》。

---

① 程民德（1917–1998），江苏苏州人，数学家，中国科学院院士，北京大学数学研究所的创始人之一。1935 年他考入浙江大学后转入数学系，后随浙江大学西迁贵州湄潭，于 1940 年成为浙大第一届研究生，跟随导师陈建功教授学习三角级数理论，毕业后留校任教。经陈建功推荐于 1946 年到北京大学数学系任教。1947 年，他到美国普林斯顿大学数学系学习并获得了博士学位。1950 年回国，进入清华大学数学系任教授，1952 年转到北京大学数学系任教授，1978 年后担任北京大学数学研究所所长，1980 年当选为中国科学院学部委员（院士），主要从事调和分析、三角逼近论、模式识别、图像处理等研究。

另一位陈门研究生优秀代表是龚昇（1930—2011），数学家，教授。1950年毕业于上海交通大学数学系后被分配到中科院数学研究所筹备处，但因具体筹备成立数学所尚需时日，于是到浙大继续学习，师从陈建功教授。龚昇在陈建功指导下从事几何函数论的研究，在浙江大学、复旦大学的几年学习过程中，打下了扎实的数学基础，同时也学到了不少数学研究方法。1954年，陈建功让龚昇去中科院跟华罗庚学习。1958—1978年，龚昇任中国科学技术大学数学系副教授，1978—1984年，任中国科技大学数学系教授，1984—1989年任中国科技大学副校长。他长期从事多复变函数论、调和函数、复分析等研究。2002年他荣获华罗庚奖，以表彰他对数学研究与教学的杰出贡献。

十一、陈门杰出代表：卢庆骏、徐瑞云、越民义、谷超豪、张鸣镛、石钟慈

20世纪三四十年代，浙江大学数学系逐步形成了以陈建功、苏步青为学术带头人，以函数论和微分几何为研究方向，以“数学讨论班”为学术活动方式的“陈苏学派”。一支训练有素、基础扎实的数学家队伍迅速成长，成为新中国成立后数学事业的骨干力量。① 浙大时期的陈门学子有：中国科学院院士、北大数学研究所所长程民德教授，中国科学院数学研究所秦元勋研究员，南京大学叶彦谦教授，华东师范大学曹锡华教授，浙江大学徐瑞云教授，中国科学院应用数学所越民义研究员。此外还有卢庆骏、张鸣镛、谷超豪、孙泽瀛、孙以丰、张学铭、夏道行、龚昇、郭竹瑞、董光昌等教授以及在国外的杨宗道、周元燊等教授。

卢庆骏（1913—1995），江苏镇江人，数学家，教授，全国政协委员、原七机部一院副院长，是陈建功在浙江大学任教时的学生。1931年7月，他考取浙江大学数学系，1936年8月毕业，获理学学士学位，毕业后留校任教。浙大西迁，卢庆骏留校当了陈建功的助教。抗战结束后陈建功推荐这位才华出众的青年助教去美国深造。1949年卢庆骏获得了美国芝加哥大学数学研究院的博士学位；1949年回国后，先后在浙江大学、复旦大学和哈尔滨军事工程学院当教授，后调至航天航空工业部第一研究院担任副院长和总工程师，为教育事业和航天工程做出了杰出的贡献。

① 骆祖英．陈建功与浙江大学数学学派 [J]. 中国科技史料，1991, 12(4): 3−11.

徐瑞云(1915—1969)，中国第一位女数学博士，女数学家，浙江大学教授。1932 年，她从上海考入浙江大学数学系，成了陈建功的学生。1936 年毕业后留校任教，不久获得德国奖学金赴德国留学，1940 年获博士学位，1941 年回母校任教。她是近代少数几位女数学家之一。她的博士论文《关于勒贝格分解中奇异函数的傅里叶展开》于 1941 年发表在德国《数学时报》上，她翻译的那汤松的《实变函数论》于 1955 年由高等教育出版社出版。1952 年徐瑞云调任浙江师范学院数学系任系主任。1958 年起，以浙江师范学院为基础创办的杭州大学，由陈建功任副校长，徐瑞云作为数学系系主任，在老师的直接领导下工作，还成了陈建功招收、培养研究生的最得力助手。其实，1941 年，徐瑞云回国担任浙大数学系副教授，适值陈建功赴美国普林斯顿大学访问，徐瑞云受陈建功所托，分担了他的教学任务，并代为主持数学讨论班。徐瑞云以她的热忱、勤奋、细心和负责，出色地完成了各项工作，获得了师生的一致好评。

越民义（1921—2023），贵州贵阳人，数学家，中国科学院应用数学研究所研究员，中国运筹学研究先驱和学术带头人。1940 年，越民义考入西迁贵州湄潭的浙江大学数学系，在陈建功、苏步青两位大师的言传身教下研读数学论著，并打下了坚实的数学基础。越民义品学兼优，数学成绩特别好。陈建功爱才，让他做自己的助教。而后越民义因家在贵州，又调回贵州大学数学系工作。但越民义不忘老师的知遇之恩，仍频频给老师写信，师生间始终保持着书信往来。陈建功对越民义的数学功底十分清楚，知道这是一块好钢，这几年虽然已在数论方向的研究工作中有了进展，继续下去可能会取得一些成果，但若能趁年轻尽早转向新兴的运筹学方向，相信他定会更有作为。新中国成立之后，中科院筹建之初人才奇缺，陈建功便推荐了越民义，终于使这位优秀的数学人才得以调往北京，任中科院数学研究所的助理研究员，从事数论研究。越民义在运筹学这个全新的专业领域奋发努力，充分施展自己的聪明才智，迅速取得了运筹学研究的出色成果，为我国的运筹学建设做出了开创性贡献。他作为数学研究所的研究员和中国运筹学会的理事长，在学科发展和全国运筹科学的攻关研究中，出色地担当了学科带头人的重任。每当谈及恩师对自己的尽心栽培时，他都激动不已，感激之情溢于言表，总是恳切地说：“我之所以有今天，全是陈师所赐。”

谷超豪（1926—2012），浙江温州人，数学家，中国科学院院士。1943 年毕业于温州中学，考入浙江大学工学院，一年后转入理学院数学系，大学四年级时参加陈建功、苏步青分别主持的函数论、微分几何讨论班，1948 年毕业于浙江大学并留校任助教。他跟着陈建功做了一些论文研究，同年与陈建功、越民义合作完成 Laplace 变换收敛横标公式的推导论文。回想起陈先生对他的教诲和培养，谷超豪无比激动。陈建功曾鼓励他说："有了第一篇，就会有第二篇，第三篇……" 1959 年，他获莫斯科大学博士学位，1980 年当选中国科学院院士，先后任复旦大学副校长、中国科学技术大学校长、温州大学校长。谷超豪主要从事偏微分方程、微分几何、数学物理等方面的研究和教学工作，获得 2009 年度国家最高科学技术奖。

张鸣镛（1926—1986），浙江温州人，厦门大学教授，他与谷超豪是浙江大学同一届高才生。当时大学四年级开设了函数论和微分几何两个专业的选修课，规定每位学生只准选一个专业，但唯有张鸣镛和谷超豪破例，可以同时选修两个专业：张鸣镛侧重函数论，谷超豪侧重微分几何。两人才思敏捷，数学成绩拔尖，陈建功对两人都十分赏识。张鸣镛于 1948 年浙大毕业后留校任教，1952 年调厦门大学数学系任教，1978 年晋升为教授，担任系副主任。他推进了厦门大学数学系的建设，培养了陈景润、林群等一批优秀数学人才。

石钟慈（1933—2023），浙江宁波人，计算数学家，中国科学院院士。1951 年，石钟慈考入浙江大学数学系，那时数学有"南浙大、北清华"之说，浙大的数学系有陈建功、苏步青、徐瑞云等元老名师。[①] 石钟慈就读大学一年级时，徐瑞云先生教他们微积分课，她要求学生们无论如何要把微积分学好，规定 70 分才算及格。1952 年秋天，全国高等院校院系调整，石钟慈来到复旦大学读二年级。此时的复旦大学集结了华东地区最好的数学师资力量，享有江南第一学府之称，比如从同济大学调来的杨武之先生给他们讲过一年的高等代数课。1955 年，石钟慈在陈建功先生指导下完成了单叶函数论的大学毕业论文。这是一篇相当出色的论文，当年的《解放日报》还发表了新华社文章，称赞他论文的创新性。这在新中国成立后的大学生中是不多见的。后来该论文在《数学进展》上发表。大学毕业后，石钟慈被分配到中国科学院数学所工作。只是他不能再继续

① 许清 . 石钟慈：于磅礴中上下求索 [N], 中国科学报 , 2018-04-02.

他的函数论研究了，而是进入了新的专业——计算数学，从此开始了他的计算数学之路。

十二、陈望道与陈建功

1952 年全国高校院系调整，陈建功、苏步青被调整到复旦大学数学系。复旦大学非常重视两位重量级数学教授的加盟，特为他们修建教授别墅，以表示对知名教授的最大尊敬。复旦大学校长陈望道[①]非常了解陈建功，深知陈建功取得巨大成就是多么不容易。他俩年龄相仿，都曾留学日本，并同年回国，都在浙江两级师范学堂学习和工作过。陈望道对陈建功三次东瀛求学取得的巨大成就非常敬佩。他俩的日语都非常好，一位翻译日文版的《共产党宣言》，一位出版日文版的《三角级数论》，在各自领域内影响巨大。他俩都忠贞爱国，对祖国不离不弃，于 1952 年相聚在复旦。因他们贡献突显，人民信任，都被选为全国人大代表、中国科学院院士，为我国的教育事业做出巨大贡献。作为杭州大学副校长的陈建功，晚年还对《共产党宣言》做了深刻的解读，坚信科学救国与《共产党宣言》的内涵是正相关的、一致性的。

十三、复旦园的教授别墅

复旦大学第九宿舍东南侧，有两幢红瓦黄墙的小楼，在校园中静静伫立，似在迎候着昔日的主人。

20 世纪 50 年代初，随着全国高校大规模的院系调整，教授学者、莘莘学子纷纷南下北上。一批知名教授如陈建功、苏步青等齐聚复旦园，使复旦大学的师资力量得以充实和加强。由于各位知名教授的到来，他们的居住问题即成了学校校务委员会首先要考虑的事情。当时在复旦大学教授中，国宝级知名教授有陈望道、陈建功、苏步青三位。当时复旦大学党委与校务委员会讨论后决定，首先为陈望道买下一幢典雅的欧式三层小楼，供他居住以及由他所主持的语言修辞学教研室使用。同时，复旦大学党委研究决定拨出一笔专款，给陈建功、苏步青在复旦校园内各自建造一幢别墅，使两位教授也能拥有较为舒适的

① 陈望道（1891–1977），浙江义乌人，著名思想家、社会活动家、教育家、语言文学家，中国科学院哲学社会科学学部委员。1915 年留学日本，1920 年任《新青年》编辑，翻译《共产党宣言》，1920 年起在复旦大学任教。1949 年后任复旦大学校长、民盟中央副主席、民盟上海市委主任委员。

居所。专为教授建造别墅，这在当时可谓绝无仅有。此举引来了个别教授的非议，但复旦大学的领导们不为所动。因为他们深知这些老专家是国家的宝贵财富，只有尽力为这些教授、专家创造一切便利条件，才能充分发挥和施展他们的才华。

这两幢教授别墅位于复旦大学第九宿舍东南侧，紧邻陈望道教授的寓所。现今的门牌号为国顺路650弄（复旦大学第九宿舍）61号、65号。65号为陈建功先生的居所，61号为苏步青先生居所。这两幢教授住宅与陈望道先生的寓所一起，自成院落，在当时的复旦校园是鹤立鸡群的“豪宅”。红瓦黄墙勾勒出的别致轮廓，为周围灰色的建筑群抹上了鲜亮的色彩。由此，新颖漂亮的教授别墅成为那个年代复旦校园里一道亮丽的风景。①

十四、“陈苏”与早期复旦大学数学团队

1952年全国高校院系调整时，由复旦大学数理学系数学组与浙江大学、同济大学、交通大学和大同大学4所大学的数学系合并组成复旦大学数学系。复旦大学数学系的教师阵容空前强大，担任过数学系（或数理学系）系主任的就有7位教授——陈建功、苏步青、卢庆骏、杨武之、陈传璋、周怀衡、周慕溪。院系调整后，苏步青担任学校教务长，数学系系主任由陈传璋教授担任。教师队伍强大的同时，学生队伍也壮大了：从浙江大学数学系转来32位学生，同济大学转来29位，交通大学转来27位，大同大学转来3位，加上复旦大学数理学系数学专业原有的学生，总共100人左右。数学系倡导由教授上基础课，陈、苏两位大师将在浙大实施多年的“数学讨论班”教学研究模式移植到复旦大学并将之发展起来。他们又提出“鸡孵鸭”的理念，在科研和人才培养上不断创新。我们从档案馆查到1952学年数学系的课程表，从中可以看到，一年级分甲、乙两个班，二年级和三年级各一个班，所有的教授和讲师都担任基础课教学工作。解析几何由周慕溪、孙振宪、许自省担任主讲，微积分由陈传璋、金福临、卢庆骏担任主讲，代数由黄缘芳、杨武之主讲，微分方程由夏道行主讲，微分几何由张素诚主讲，实变函数论由陈建功主讲，复变函数论由卢庆骏主讲，高等几何由周慕溪主讲。朱良璧、周怀衡担任物理系高等数学主讲，崔明奇、黄缘

---

① 曹阳．复旦园内的教授别墅 [J]. 档案春秋，2012(9): 62-64.

芳、金福临担任化学系高等数学主讲。三年级分 5 个小组，分别由苏步青、陈建功、卢庆骏、杨武之、周怀衡教授指导专题讨论班。院系调整后，在陈建功、苏步青两位国际著名数学家的带领下，数学系的科研工作蓬勃开展，硕果累累。不仅教师有大量的学术论文发表，而且学生的科研能力也得到了提升，学术气氛十分活跃。数学系在原来的两个教研组——函数论教研组和几何代数教研组的基础上，又成立了微分方程教研组。1956 年复旦大学数学研究所成立，苏步青教授任所长。

从 1952 年到 1956 年这 4 年中，两位大师及其各自团队中迅速成长起来的青年骨干，分别有 10 多篇论文发表。陈建功教授的专著《直交函数级数的和》和苏步青教授的专著《射影曲线概论》在 1954 年由中国科学院出版。他们同在 1955 年当选为中国科学院数理化学部学部委员（院士）。他们一起参加了由周恩来总理和陈毅副总理在 1956 年 2 月底至 3 月底召开的“制定 1956—1967 年科技发展规划”会议。此外，他们还翻译了许多俄文的数学著作。陈建功教授翻译了《单叶函数论中的一些问题》和《复变函数的几何理论》2 本，苏步青教授翻译了《解析几何学》、《几何学基础》、《嘉当的外形式法》和《几何学》等 4 本。1956 年 6 月 25 日，陈建功与华罗庚、钱学森、吴文俊等科学家一起，参加了在莫斯科大学举行的全苏数学会议。他在会上做了题为《Faber 多项式逼近的 Cesaro 收敛》的报告。同年，苏步青和吴文俊两位数学家赴索菲亚参加保加利亚数学会年会，苏步青在会上做了题为《面积空间几何学》的报告。苏步青教授的“K 展空间和一般度量空间的几何学、射影曲线论”项目获 1956 年国家自然科学二等奖。

讲师谷超豪在苏步青教授指导下研究仿射联络空间和芬斯拉空间整体安装问题，然后又研究几何物场的群不变结构，科研成绩突出，1956 年晋升为副教授。助教夏道行在陈建功教授指导下，研究单叶函数理论，解决了苏联数学家戈鲁辛的猜想，于 1956 年晋升为副教授。1956 年 4 月 21 日，《复旦大学学报》以《青年数学家夏道行》为题对他进行报道。

还要特别提到的是中国科学院数学研究所的助理研究员龚昇和胡和生。他们是 1952 年随陈、苏两位教授从浙江大学来到复旦大学的。他们在陈、苏指导下学习和研究，取得了丰硕的成果。龚昇在陈建功教授指导下研究单叶函数论，

1954 年离开复旦大学回到中国科学院数学研究所工作。胡和生在苏步青教授指导下研究微分几何，之后她转入复旦大学数学研究所工作。

院校调整后，除了教师们自己的科研成果外，由于专题讨论班课程的增设，学生也写出了许多学术论文。当年专题讨论班课程进行了一个学期后，每个同学都写了一篇读书报告，内容涉及自己特别感兴趣的部分，以及自己的见解。根据这些报告，指导教师分别提出了可以研究的问题，并且介绍了一些参考文献，指导同学着手进行研究。此外，数学系又组织研讨会，同学也都可以来参加讨论，这样的专题讨论班课程和研讨会的形式，催生了很多学术成果。

十五、陈建功与杭州大学数学团队

1958 年 7 月，中共浙江省委决定筹办一所综合性的杭州大学，中国科学院院士、我国近代数学奠基人之一陈建功教授由复旦大学重返浙江，被任命为杭州大学校长。同年 12 月，浙江省委正式公布了杭州大学、浙江师范学院关于两校合并后定名为杭州大学的决定。陈建功改任为杭州大学副校长，徐瑞云教授任杭州大学数学系系主任，白正国教授为系副主任。陈建功教授的到来，预示着杭州大学数学系将迎来跨入国内高校数学系主流的光明前景。已年近古稀的陈建功同时在复旦大学、杭州大学招收研究生，指导研究生开展文献研究工作，他还狠抓青年教师的业务进修工作。他常对数学系系主任徐瑞云、白正国两人说：“教师的素质要提高，尤其是青年教师的业务能力一定要上去。”在他的推动下，数学系在研究生和青年教师中广泛开展“读书报告”、“论文答辩”和“学术交流”活动，学术研究气氛很浓。一大批青年才俊脱颖而出，王斯雷、谢庭藩、王兴华、施咸亮等青年学者迅速成长。他们的科研成果中尤以函数逼近论最为享誉学界。陈建功校长自己也坚守在科研的第一线。他将三角级数论中若干优秀技巧应用于函数逼近论，并加以发展和完善，这为他自己的科研工作不断开辟了新的方向，同时也为杭州大学培养一批研究函数逼近论新方向的研究生做了充分准备。1961 年，他的研究成果被收进苏联《复变函数论近代问题的研究》一书，在国际上引起了热烈的反响。陈建功教授抓住国外学者将拟似共形映照理论和椭圆型偏微分方程组联系起来这一时机，在 1959 年和 1960 年连续发表文章，率先在国内开创了拟似共形映照的研究新领域，并在复旦大学、杭州大学建立起该方向的研究队伍。20世纪60年代初，他又完成了专著《三角级数论》的新版书稿，上册在1964年出版，下册作为遗著于1979年问世。由于陈建功的统筹规划和精心指导，杭州大学数学系的一大批青年教师和研究生迅速成长为一支长于函数逼近论、调和分析和单复变函数研究的队伍。由此，杭州大学数学系成为全国出色的函数论研究基地。

陈建功教授在杭州大学任教期间与数学系师生在一起

十六、陈建功的教育名言

陈建功是一位卓越的数学家、教育家。他主张的数学教育原则有三条：实用性原则、论理的原则、心理的原则。他主张教学与科研要相辅相成，坚持“学贵讲，尤贵行”的教育治学理念。他的教育治学理念主要表现在四个方面：科学兴国，坚守诚意；教学相长，知行合一；与时俱进，应用创新；因材施教，注重心理。陈建功的教育名言有：

我来求学，是为了我的国家和亲人，并非为我自己。

决不留在沦陷区。一定要把数学系办下去，不使其中断。

要教好书，必须靠搞科研来提高；反过来，不教书，就培养不出人才，科研也就无法开展。

不从事研究的老师不是一个好老师，教学必须相长。

培养人比写论文意义更大更重要。

我热爱科学，科学能战胜贫困，真理能战胜邪恶，中华民族一定能昌盛！

十七、陈建功与《高中代数学》《高中几何学》

陈建功分别与学生毛路真、郦福绵合编了《高中代数学》《高中几何学》，相继于 1933 年 11 月、1935 年 1 月出版。

陈建功与毛路真对中国数学教学的一大贡献是编著了《高中代数学》。20 世纪 30 年代前，我国高中的代数教材都用《范氏大代数》，这是一本外国教材，不太适合我国国情。陈建功与毛路真有感于此，于 1933 年编著了《高中代数学》，同年由上海开明书店出版。此书无论在理论上、编写顺序上、习惯或文字叙述上，均较《范氏大代数》为优，因此出版不久即被国内各校广泛采用，逐渐取代了《范氏大代数》。至 1952 年，已印了 14 次。

陈建功与郦福绵对中国数学教学的一大贡献是编著了《高中几何学》。《高中几何学》于 1935 年由开明书店出版，内容多取材于史密斯修订的温德华士的《平面和立体几何学》，以及舒塞司、塞未诺克合著、斯凯勒修订的《平面和立体几何学》。编著并非简单照搬或拼凑之作，在篇章结构和某些章节内容安排上与所取材的教材差异较大，并独具特色。至 1952 年，已重印了十余次，为推进我国的数学教学起到了很大作用。

这两本教科书都重印十余次，流传广泛，在中学教师、学者中产生了积极的反响。直至 1952 年，全国在学习苏联教材的基础上编写了统一的中学数学教科书后，它们才被淘汰。《高中代数学》《高中几何学》的编撰解决了 1932 年《高级中学算学课程标准》颁布后，高中缺少相应数学教科书的困难。从更深的层次看，它们的编撰是国人通过向国外数学教材取材，打造适合新课程标准的高中数学教科书的一次成功尝试，促进了近代中国高中数学教科书的本土化。这些奠定了这两本教科书在同类教科书中的重要地位，反映了陈建功对我国中学数学教育做出的贡献。

第三节　逸事拾遗

一、为“慎独诚意”取名念台

蕺山学派是明末清初最具影响力的儒家学派，思想盟主为刘宗周，其学术思想的主旨是“慎独诚意”。刘宗周的心性哲学是将理学的内容注入心学体系之中，使客体之理变为主体之心、客观之理成为主观之意，由此统一心学和理学，其实质是以理入心，进而以理代心。陈建功曾取名“陈念台”，足见刘宗周的“慎独诚意”对他的影响之深。

二、义无反顾加入浙江大学

当年，陈建功在日本获得理学博士学位，毅然回国之后，受到了北京大学、武汉大学和浙江大学三所大学的邀请。该去哪一所呢？他心里清楚，论学校历史、教学科研条件、师资力量以及薪酬待遇，北京大学和武汉大学都比浙江大学强，但陈建功心里总依恋着浙江大学。因为陈建功曾是浙江甲种工业学校（后并入浙江大学）的教师，对于曾经培养自己的母校，陈建功岂能无动于衷？他决心把自己的知识和才能全部奉献给浙江大学。

三、半个世纪写就一段数学佳话

苏步青是陈建功在日本求学期间的小师弟，两人彼此照应、亲密无间。当陈建功写完《三角级数论》临近回国时，曾拉着苏步青的手叮嘱道：“西山不可久留。”两年后，陈建功任浙江大学数学系系主任，但百事缠身，急需一名得力助手。得知老友苏步青已经通过了博士论文答辩，他便向校长邵裴子推荐了苏步青，并诚恳提议由更擅长行政工作的苏步青担任系主任职务。1931 年，苏步青回国任教，从此，苏步青与陈建功开始了长达半个世纪的通力合作，书写了数学史上的一段佳话。

四、两位绍兴老乡的惺惺相惜

1937 年抗日战争全面爆发，浙江大学师生在校长竺可桢的带领下开始西迁，陈建功毅然跟随。陈建功曾多次被教授们选为代表，参加校务会议，为竺可桢出谋划策，分担忧愁。8 年的流亡生活让陈建功与竺可桢这两位绍兴老乡朝夕相处、患难与共。共同的理想和坚定的信念，增进了彼此的友谊与信任。

五、“老母鸡孵小鸭”

陈建功经常同时指导十几名研究生，许多人表示不解：“一个单叶函数论何必要那么多人？”陈建功却表示：“搞科学研究的关键在于独立研究能力的培养和基本研究方法的训练。我要求他们通过搞单叶函数论，尽快进入科学研究领域，深入前沿阵地，参加实战演练，达到培训的基本目的。”他把这种培养研究生的方法戏称为“鸡孵鸭”。他说：“国家现在需要扁嘴巴，我却是个尖嘴巴的，但尖嘴巴也可以孵扁嘴巴嘛！”

六、坚信中华民族一定能昌盛

1971 年 4 月 4 日，陈建功因病住院，与他共事多年的杭州大学校办主任于光前去探望他。他伸出干瘦的手，久久拉住于光，问学校的近况。临走时，陈建功突然抓紧了于光的手，用低沉而坚毅的语气说：“我信仰共产主义，我热爱科学，科学能战胜贫穷，真理能战胜邪恶，中华民族一定能昌盛！”这是陈建功临终前的最后遗言，也是一个老科学家对祖国、对民族、对科学事业的深深眷恋和诚挚祝福。

七、“钝叟”之谜

在为研究生编写的《三角级数论》讲义上，陈建功署名“钝叟”，并加注说：魏尔斯特拉斯直到晚年才有成就，应以“大器晚成”自励。他始终认为，一个人成名不在迟早，但贵在对数学研究的坚持。他谆谆教导学生，只要不断进行研究，经过一定时间的训练和锻炼，就一定会做出成绩。这或许就是他自谦为“钝叟”的原因吧。

第四节　世人评价

陈建功先生真挚的爱国情怀、崇高的道德品质、严谨的治学态度和杰出的学术成就永远值得继承和发扬。人们怀念这位杰出的数学家和教育家，敬仰这位正直的老一辈科学家。

新中国科学奠基人、中国现代数学的拓荒人。

——中国科学院《中国科学报》

陈建功在指导青年教师和学生开展科研、培养人才、发展教育事业方面均做出了重要贡献。无论做学问，还是做人，都为后者树立了学习的榜样，人们将永记他、尊敬他。

——九三学社中央委员会

陈建功博士是我国最著名的数学家之一，在世界上也为我国争得许多荣誉。他数十年如一日的辛勤教学和严肃认真的治学精神，永远值得我们学习。

——周建人（浙江省前省长，中国民主促进会创始人）

陈建功虽然没有悲壮的英雄事迹，也没有突出的惊人举措，却是一位朴实无华、光彩照人的大写的人。

——竺可桢（中国科学院前副院长，浙江大学前校长）

陈先生虽然逝世了，但他在数学界的贡献不可磨灭，他的教育思想光照后人，他的爱国主义举动永远值得我们学习。

——苏步青（著名数学家，复旦大学前校长）

陈先生很谦虚，一生忠于党，忠于人民的教育事业。他的爱国精神，永远值得学习。陈先生决心要把浙大数学系办成第一流的数学系，这不仅仅是他的个人抱负，而是为国争光。

——程民德（中国科学院院士，北京大学数学研究所前所长）

陈先生是中国近代数学的奠基者之一，是中国最早的数学杂志的发起者。他为建设浙江大学、复旦大学、杭州大学的数学系贡献了毕生精力。

——白正国（原杭州大学数学系教授）

敬爱的父亲：您的爱国思想、报国之志、治学精神、正直品格，正在建功中学弘扬。建功学子必将成为高素质的英才。

——陈翰麒（原中国宇航学会测试发射委员会委员，陈建功长子）

敬爱的父亲、导师陈建功教授，热爱祖国，治学严谨，永远是我们学习的榜样。以他的名字命名的学校，必将培养出具有高尚品德的，具有创造思维的学生。

——陈翰麟（中国科学院数学所研究员，陈建功次子）

今天，我们大家纪念他，因为他是一个数学家，一个教育家，一个爱国者。

——陈翰馥（中国科学院院士，陈建功三子）

陈建功教授是我国杰出的数学家，我国现代数学的奠基人之一。他热爱祖国，为人正直，严肃认真地做学问，永远是我们学习的楷模。作为他的学生，我崇敬他。永感师恩！

——龚昇（中国科学技术大学前副校长、教授）

陈先生学识广博，总是能看到别人看不到的东西。

——谢庭藩（原杭州大学副校长、教授）

陈建功教授对学生怀有真挚的感情，无论朝夕相处的学生，还是慕名求知的年轻人，皆是如此。

——王斯雷（浙江省数学会前理事长，浙江大学教授）

淡泊名利，虚怀若谷，虚己者进德之基；刚正不阿，敢讲真话，无私者建功之本。

——王渝生（中国科学技术馆前馆长，国家教育咨询委员会委员）

第五节　数学家庭

一、建功夫人、女数学家朱良璧

朱良璧（1913—2021），上海人，1936 年毕业于浙江大学数学系。当年数学系仅有 6 名学生如期毕业，朱良璧不仅稳居其中，且留校任教。抗日战争全面爆发后杭州沦陷，她随浙江大学数学系西迁至贵州湄潭。1943 年，朱良璧与陈建功因共同的数学研究兴趣喜结连理。多年来，她一直默默耕耘在浙江大学、复旦大学、杭州大学教学一线，从事公共课高等数学的教学工作，为学校不同学科培养了大量的优秀人才。朱良璧曾在国际数学顶尖期刊《数学年刊》(*Annals of Mathematics*)上发表论文。《数学年刊》1884年在美国创刊，之后由普林斯顿高等研究院与普林斯顿大学共同主办，是数学科学领域最有分量的刊物之一。在同一期美国《数学年刊》上发文的，还有爱因斯坦、陈省身和西格尔。这篇重要的论文，让朱良璧成为迄今为止唯一在《数学年刊》发表过论文的中国女数学家。

1954年的家庭合照
前排从左到右：陈翰馨、陈翰兑、朱良璧、陈翰坤、陈翰香
后排从左到右：陈翰馥、陈建功

1962年后，陈建功兼任杭州大学教师升等委员会主任，领导全校教师的职称评审工作。他主张以学术水平为唯一标准，使教师升等真正成为激励教师奋发向上的良性机制。然而为了避嫌，在朱良璧升职一事上，陈先生把朱良璧“雪藏”了。这位在《数学年刊》、《数学新进展》(*Inventiones Mathematicae*)、《数学学报》(*Acta Mathematica*)、《美国数学会杂志》(*Journal of The American Mathematical Society*)四大国际顶级数学期刊上全部发表过论文的中国女科学家，就这样被埋没在了丈夫的“光环”之下。据朱良璧的同事回忆：“原来在我们那个年代，朱先生就已经在国际顶级数学期刊《数学年刊》上发表了论

文。”“如果把这个成绩放到现在，她或许可以申报成为院士了。而这一切都是为陈先生牺牲的。”在同事们记忆里，“从未在朱先生那里（因职称等事情）听到一句抱怨”。

二、陈翰麟

陈翰麟（1932—　），陈建功次子，中国科学院数学研究所研究员、博士生导师，主要从事函数论、函数逼近论及小波分析研究。1950 年考入清华大学数学系。1952 年全国高校院系调整后，清华大学数学系并入北京大学数学系及其他院校。1953 年，陈翰麟毕业。1960 年，复旦大学数学系研究生毕业并留校任教。在复旦大学工作期间他完成了论文《高维空间的拟似共形映照》，证明了三种定义的等价性。此文经美国著名函数论专家 F.W.Ce-hing 介绍，刊登在《数学评论》上，被国际同行多次引用。他非常注重数学应用，在“文革”期间，与他人合作解决了沪东造船厂的万匹马力汽缸套的热应力计算问题，并发表学术论文。1974 年调入中科院数学研究所，与两位同行一起研究了关于歼击机机型设计中的计算及数学问题，为国家节约了几百万元资金，并就数学理论部分发表了 3 篇论文。他还在国内外发表了《复样条函数》等多篇论文。这些研究成果得到国际同行的认可与赞同。

三、陈翰馥

陈翰馥（1937—　），著名系统与控制学家，中国科学院院士，美国电气与电子工程师协会会士，国际自动控制联合会会士。曾任中国自动化学会理事长，国际自动控制联合会的理事、技术局成员、“系统与信号协调委员会”主席。1961 年毕业于苏联列宁格勒大学，此后在中国科学院数学所 / 系统所工作。迄今为止发表期刊论文 220 余篇，出版专著 8 本，在随机信号的滤波、随机系统的状态估计、递推辨识、随机逼近及适应控制等方面做出大量国际领先的创新性贡献。他发现的辨识算法收敛性条件，被国外专家称为“陈氏条件”。他关于同时使控制和估计最优的论文，被国外同行、专家称为 1985—1995 年自适应控制领域的“最重要论文”之一。他与学生给出了自校正跟踪器收敛性和最优性的严格证明，被国际控制界称为“重大突破”。[①]

陈翰馥是陈建功先生第三子，自幼受到家庭数学学习气氛的熏陶，成绩优异，中学毕业就被保送到苏联留学。凭着对数学的热爱，他几经周折，终于转学到苏联列宁格勒大学数学力学系就读。以全优的成绩毕业之后，他回到祖国，很快加入了由关肇直先生领衔的新生的中国现代控制理论研究团队，从此开始了他作为控制学家的波澜壮阔的人生历程。他的经历是一段感人至深的励志故事，为年轻学者留下了许多有益的启迪。

四、陈翰香

陈翰香是陈建功先生第四子，毕业于杭州大学数学系，成绩冒尖，很有才气。受“文革”的影响，毕业时被分配到浙江省云和县的大山脚下当了一名乡村中学教员。几年后，考上研究生回到杭州，后来考取了美国阿拉巴马大学的数学专业博士研究生，毕业后留校任教，在数学领域做出了卓越贡献。

五、陈竞一

陈建功先生之孙、翰麟之子，加拿大英属哥伦比亚大学（UBC）数学系终身正教授，是美国 Alfred P. Sloan 基金会研究学者奖、加拿大数学会 Coxeter-James 奖、加拿大 Killam 研究奖、加拿大 Andre Aisenstandt 奖获得者。1992 年，从斯坦福大学毕业后，曾在美国加州大学尔湾分校、美国西北大学、美国麻省理工学院工作。主要从事微分几何、微分方程领域的研究，是海内外华人数学家中较大影响力的数学家之一。宁波大学特聘教授，多次主持和参与“微分几何与分析”国际会议。

六、“父亲的数学家庭”[②]

我读了一遍《中国现代数学教育先驱陈建功》，其实是学了一遍，这才知道父亲主张数学教育有三大原则：实用性原则、论理的原则以及心理的原则。我也阅读了苏步青先生以及我父亲的学生（都是我的师长辈）的有关评述。苏步青先生在“陈建功先生逝世十周年”纪念会上说：“陈建功先生不但是一位数学

① 传承科学家精神——我国著名系统与控制学家、中国科学院院士陈翰馥 [J]. 自动化博览, 2021(11): 38-39.

② 此文是陈翰馥为《中国现代数学教育先驱陈建功》写的序文, 2018 年 8 月 21 日作于北京。

家，而且是一位杰出的教育家。他一直主张教学必须与科学研究相结合，如果光搞科研不教书，那就要‘断子绝孙’了。不搞科学研究就不可能提高教学质量。教学与科研是相辅相成的。”苏先生还说我父亲：“上讲台精神百倍，下讲台满身白粉。陈先生不带讲义，并不是没有讲义，我亲眼看见，陈先生的讲义每年都要新编，老的删掉，补充新的内容。”我在上海读中学时，住在家里，全家公用一个盥洗室。早上我常见父亲若有所思。有一次我就问他在干什么，他回答说：“在备课，把待会要讲的课再默背一遍。”这印证了苏先生及几位前辈数学家文章中提到的情况。

抗日战争胜利后，浙江大学分给父亲一套房子，在杭州刀茅巷建德村宿舍，这套房子虽然是这批宿舍中最大的，但也住不下我们全家三代，我们全家上有祖母，兄弟姊妹又多，所以抗战（胜利）后，我仍在绍兴求学。1952 年院系调整，父亲从浙大调到上海复旦大学，当时我的两位哥哥已不住在家里，我就从浙江省立绍兴中学转到上海复兴中学，入高二。所以我从 15 岁到高中毕业 17 岁，一直住在上海复旦大学第一宿舍，和父亲住在一起，确实有机会去了解父亲的想法。但一个不到 17 岁的少年，能懂多少“数学教育”！

复旦大学第一宿舍是日式住房，三排二层的和一排一层的。在我们后面那一排，住了苏步青先生、陈望道校长、谈家桢先生。苏先生的三子苏德成及谈先生的长子谈沅是和我一起骑自行车上学的。我家的左邻是周谷城先生，右邻是卢于道先生、张孟闻先生。住房其实很紧张，底层一间不过 20 多平方米，一头放了吃饭方桌，另一头就放了父亲的书桌，只见他在灯下工作，有时会在收音机里放点西洋音乐。二层有一大一小卧室，大间是父母和弟妹们挤在一起，小间是祖母和我合用，姐姐占了房子的阁楼，很小的一间。在吃饭间兼父亲的书房，我常见到他的学生（现在都是著名数学家）来访，因无地回避，有时也听到他们的谈话。

南方夏天很热，尤其在绍兴、杭州，暑期晚上父亲和大家一起纳凉。在绍兴就在天井里纳凉，傍晚时用水把石板地一冲，降点温；在杭州建德村，在一号和二号房屋之间有一条林荫小走道，搬把椅子，我们全家就在那里纳凉。在 1959 年父亲调到杭大后，我们住在圣塘路 152 号，会在二楼的走廊里纳凉，这时父亲海阔天空地聊国内、国外数学家的逸闻趣事，我们兄弟，有时还有王家和周家的表兄，会听得津津有味。

虽说父亲从来没有建议他的后辈去学数学，但他的儿孙辈中确有四人是数学系毕业的。这恐怕很难说一点也没有受到他的影响。专业和他最近的是我的二哥翰麟，但一直在做基础数学的却只有翰麟的儿子竞一。我在大学要定学习方向时，向父亲请教，是否学函数论或什么的，他说根据国家发展需要，要加强微分方程、概率统计、计算数学等学科，建议我从这些方向中选取，这样我就选学了概率论，我现在研究控制理论，那是到1962年才改变的。

我的继母朱良璧在抗战时期毕业于浙大数学系，先后在浙大、复旦、杭大任教。她在 *Annals of Mathematics* 上发表过两篇论文。她1913年出生，现还在杭州。恐怕很少有人会想到，在国际顶级数学刊物上发表过两篇论文的人，竟会以讲师身份退休。当时不少人认为无论资历还是论文水平，她都应该提职，但父亲说："她小孩子多，在外系教数学，讲师就够了，把提职名额让给别人吧。"

我们陈家学数学的还有父亲的六妹陈建琳，她（全面）抗战前在浙大数学系旁听，后来当数学教师、中学校长。还有我三姑妈的两个儿子，从小就和我们生活在一起。他们虽然不是毕业于数学系，但最后分别在大连工学院及无锡轻工学院教起了数学。作者著书写了父亲的数学教育思想，讲了宏观层面的影响。我写的只是琐碎事，作些补充而已。

第六节　纪念活动

随着时间的推移，回顾我国现代科学的发展过程，陈建功先生的爱国情怀和科学求是精神越发显得浓厚。斯人已去，精神永存。在全国上下继承和弘扬科学家精神、挖掘中华优秀传统文化的当下，科学家陈建功先生就是一面旗帜，这从全国各地组织的纪念活动、学术活动中可见一斑。

一、1978—1981年：拨乱反正，科学的春天来啦

1978年3月，全国科学大会召开。这次大会是"文革"后中国科学界迎来的第一个盛会，大会的召开不仅使中国迎来了"科学的春天"，也是中国开始进入新时期历史变革的标志。1978年12月，在中国历史上具有重大意义的中国共产党十一届三中全会召开。从此，中国进入了改革开放的历史新时期，也真

正迎来了科学的春天。

（一）怀念老友陈建功博士[①]（周建人　1979 年 2 月）

“我的老友陈建功博士是我最佩服的一个。现在，举国上下都在为早日实现四个现代化发奋学习，努力钻研科学技术，这使我更加怀念老友陈建功博士。我愿意把我知道他的点滴事迹写出来，让我们大家都来向他学习，努力攀登科学高峰。”时任全国人大常委会副委员长的周建人[②]深情回忆，写下《怀念老友陈建功博士》。

六十多年以前，在浙江绍兴南街的一所为纪念光复会骨干陶成章先生而办的成章女校里，我认识了陈建功博士。我们同在这所学校教书。不久，他就到日本留学去了。后来，我们各自为了自己的生活奔波。直到一九五八年，我们又在杭州见面并共事。那时他是杭州大学的副校长、数学教授。

陈建功博士是我国著名的数学家之一，在世界上也为我国争得许多荣誉。他年轻时，就学于绍兴府学堂，那时鲁迅正在那里教生物学。他酷爱数学，曾三次赴日本学习数学，获得日本理学博士的学位。由于他刻苦学习，认真钻研，在数学上取得了重大成就。就在他当研究生的三年中，就写了十四五篇数学论文，都是用英文写的，发表在日本数学杂志上。在这期间，他还应他的导师藤原松三郎的要求，用日本文写了一本《三角级数论》，一九三〇年由日本岩波书店出版，成为国内外的重要参考书。日本学术界对陈建功博士的成就有很高的评价。一位朋友告诉我，日本的理学家们曾经专门开了庆祝大会，庆祝他的成就。在会上他的导师发言说：我一生以教书为业，没有多大成就。不过，我有一个中国学生，名叫陈建功，这是我一生的最大光荣。陈建功在一九二九年回国以后，就一直在浙江大学教书。

陈建功博士之所以在数学上能有这样大的成就，是与他的刻苦钻研分不开的。他第一次到日本时，刚刚二十岁，他考进东京高等工业学校，在染色科学习，取得官费待遇。由于他不愿放弃他对数学的志趣，他又同时考进了东京物

---

① 收录时略作改动。

② 周建人：现代著名社会活动家、生物学家，曾任浙江省省长，全国人大常委会副委员长，全国政协副主席，民进中央主席等职。

理学校（夜校），夜以继日地学习。回国以后，他一面教染织工业的课程，一面业余时间钻研数学，并负责指导学生数学兴趣小组的活动。一九二〇年他第二次到日本，从此就专攻数学了。他为了能够阅读国际文献，了解世界数学界的新成就，努力学习外国文。有一次，他在数学杂志上看到有意大利的论文，他就学习起意大利文来。由于他已经懂得德文和法文，所以很快就掌握了意大利文。正因为他不懈地努力学习，终于懂得了日、英、德、法、意、俄六种文字，并且能够熟练地用日文和英文写论文和教书。他一生写了五十多篇重要论文，有一部分就是用英文写的。

陈建功博士不仅是一个学者，而且是一个教育家。他从事教育工作五十多年，培养了我国一代数学家。他从一九二九年起，就在浙江大学数学系任教授。不久他又介绍苏步青教授到浙江任教。他们两人互相协作，从一九三一年就在大学高年级里举办数学讨论班，培养学生独立工作的能力和科学研究的能力。新中国成立以后，在共产党的领导下，他的数学才能和教学才能得到了充分的发挥。他先后在复旦大学和杭州大学培养了一大批青年教师和研究生。由于他的辛勤劳动，他做出了成果，又出了人才。经过他培养的学生现在成为许多数学研究部门的带头人。

陈建功博士在数学上有这么大的成就，但他却很谦虚。一九五八年在杭州，他曾对我说，浙江的代数学太薄弱，应该派些学生请华罗庚教授带一带。旁边有人说：你自己不能带吗？他说：不行，在代数学方面华罗庚教授水平比我高。可见陈建功博士不仅知道自己的学问，而且也知道别人的学问，这是一个学者应有的实事求是的态度。

陈建功博士还是一个爱国主义者。抗日战争期间，他只身随同浙大西迁，在大后方坚持教学工作和科学研究工作。他拥护共产党，热爱社会主义。新中国成立前夕，国民政府曾要挟一批教授跟着他们到台湾去。陈建功博士不仅自己坚决不去，而且劝别人也不去。新中国成立以后，他对工作更加积极努力。抗美援朝的时候，他还动员他的亲人去参军。一九五八年以后，他患有慢性支气管炎，但他总是带病忘我工作，从来不肯休息。他数十年如一日的辛勤教学和严肃认真的治学精神，永远值得我们学习。

陈建功博士离开我们已经整整八年了！我认识许多科学家，但我的老友陈建功博士是我最佩服的一个。我常常拿他的事例教育我的后辈。现在，举国上下，都在为早日实现四个现代化发奋学习，努力钻研科学技术，这使我更加怀念老友陈建功博士。我愿意把我知道他的点滴事迹写出来，让我们大家都来向他学习，努力攀登科学高峰。

写于一九七九年二月二十五日

（二）《陈建功文集》的编辑说明（《陈建功文集》编辑小组　1980 年 3 月）

1978 年 11 月，在中国数学会年会上，华罗庚教授和其他许多数学家建议，要为我国已故著名数学家陈建功先生出版文集，这个建议得到与会同志的积极支持。大家认为，这对宣传我国的科学成就，发展自然科学的理论研究具有重要的意义。为此，杭州大学于 1979 年 1 月指定专人成立编辑小组，着手文集的编选工作。

陈建功先生 1893 年 9 月生于浙江绍兴。林彪、“四人帮”横行期间，遭受迫害，1971 年 4 月不幸逝世于杭州。他一生从事教育工作，培养了一大批人才，对我国的科学与教育事业做出了卓越的贡献，是一位深受尊敬的数学家。他在进行教学的同时，努力研究数学理论。在实函数论、复函数论以及微分方程论等方面都有大量的成果。特别是在三角级数论、复变函数几何理论、函数逼近论方面，成就更为卓著，是我国这几方面的开创者。

经过一年多的工作，我们共收集到陈先生公开发表的数学论文六十九篇，最早的是 1921 年，最晚的是 1965 年，这些论文的目录附于文集之后，一并列出的还有陈先生的专著和译作。其他手稿、油印稿以及非数学论文都未列出。我们曾希望论文都能收入文集，但限于条件，仅从中选取了二十七篇。

文集的第一篇不仅是陈先生最早发表的论文，而且是我国最早的现代数学论文之一；第二十七篇是陈先生最晚发表的论文，它标志着陈先生虽达七十高龄，还在领导着我国的三角级数论的研究；其他二十五篇，我们的编选要求是：每方面都选择重要而有代表性的论文，合作的论文未选入。

文集先外文后中文，按发表先后编排，每篇论文均注明该文发表的刊物和年代，这次编辑仅对印刷错误做了订正。

文集的整个编选工作是在中国数学会支持和关怀下进行的，许多数学家都给予了热心的帮助。特别是苏步青教授，粉碎“四人帮”后就倡议为陈先生出文集，这次不仅为本文集写了序言，而且还亲自从日本复印来国内已经失存的一篇论文。陈建功先生的学生卢庆骏教授、程民德教授、张素诚教授、夏道行教授、龚昇教授、张鸣镛教授等为文集的出版提出了不少有益的意见。陈建功先生的夫人朱良璧先生为文集提供了大量材料。北京大学、复旦大学等校的图书馆为文集查考了很多杂志。其他还有一些同志与单位为本文集的出版做出了贡献，恕不一一道及。

参加本文集编辑小组的同志有：白正国、王传芳、谢庭藩、王斯雷、姚壁芸、施咸亮和陈全德等，限于我们的水平，文集中遗漏和不当之处在所难免，敬希指正。

（三）《陈建功文集》序言[①]（苏步青　1980年2月）

陈建功先生的数学论文集的问世，是我国科学界和教育界的一件大事，对于实现我国社会主义现代化将会起积极的促进作用。

本文集共收集了陈建功先生的二十七篇数学论文，其中最早一篇于1921年发表在日本《东北数学杂志》（*Tôhoku Mathematical Journal*）上，无论在时间上或在内容上，都标志了中国现代数学的兴起，它是一篇具有重要意义的创造性著作。从此以后，特别是从1927年以后，我国数学家在国内外数学专刊上发表的论文一天天地增加。

陈建功先生早年留学日本，从东京高等工业学校和东京物理学校（夜校）同时毕业，后来又考进日本东北帝国大学数学系，三年后毕业。上述最早一篇论文就是陈先生在大学三年级学习时写成的。1926年冬，陈先生第三次东渡，进了东北帝国大学研究院读研究生，仅用了两年半的时间，就写出了十多篇关于正交函数论的文章。由于这些卓越的成果，于1929年获得东北帝国大学理学博士学位，成为在日本国取得崇高荣誉的第一个外国科学家。他还用日文写成一本专著《三角级数论》在日本出版，书中有不少新译术语是由陈先生首创的，至今仍被沿用。长期被外国人污蔑为“劣等人种”的中华民族，竟然出了陈建功

① 收录时略作删改。

这样一个数学家，无怪乎当时举世赞叹与惊奇。陈先生为祖国争了光，为中国人民争了气，他是中国人民的骄傲。

陈建功先生一生从事教育工作，不遗余力，主要是在大学任教，早期也教过中专。他在教学之余，努力钻研数学，特别专长实函数论，晚年兼及微分方程和复变函数论，从选集中也可以看出这一点。他有句名言：要教好书，必须靠搞科研来提高；反过来，不教书，就培养不出人才，科研也就无法开展。他一生就是根据这条原则身体力行过来的。1931 年在陈先生等人发起和指导下，一个当时被称为“数学研究”而现在则称为“小型科学讨论班”的学术活动形式，在杭州创始了。通过它对青年教师和高年级大学生进行严格训练；教师没有通过“数学研究”这门课的就不得升级，学生尽管其他课程都及格而“数学研究”不及格的也不得毕业。无论在艰苦的抗日战争的岁月里，还是在“文化大革命”前政治运动频繁的环境中，这个讨论班一直没有间断过。就这样，从讨论班的创始到陈先生逝世为止的四十年里，培养出了一大批数学家，形成了以陈建功等为首的浙江大学学派，为社会主义祖国培养了一支队伍。如果不是林彪、“四人帮”的迫害，以致陈先生患病得不到医疗而终至赍恨以殁的话，我们相信，他还会为我国培养出更多更好的建设人才。

我和陈建功先生相处，前后长达五十年，我们在留日时代，先后三次同学，他是我的良师，也是益友。我从他身上学到了不少好东西，例如怎么既教好书又搞好科研，如何早出人才、多出人才，以及严格治学的态度，全心全意为人民服务的精神，等等。特别要提到的是，陈先生首创了用中文编写大学数学教材，用中国话教学生的教学法，在当时是绝无仅有的，尽管陈先生自己懂得日、英、德、法、俄等国语言，但他始终坚持中国人用中国文字来进行教学和科研，这种爱国主义的精神是永远值得我们学习的。

1971 年 4 月陈建功先生不幸逝世的消息传来，我悲痛不已。我们一起搞起来的小型科学讨论班，也被林彪、“四人帮”破坏到一无所有的地步，我们的班子全被拆散掉，我是多么怀念陈先生啊！1976 年，陈先生逝世以后五年，党中央一举粉碎了“四人帮”，三年多来全国人民在党的领导下，团结一致，努力工作，取得了伟大胜利，我们科学讨论班不但早已恢复，而且蓬勃发展起来了。倘若陈先生还健在，他会多么欢欣鼓舞啊！

（四）1981 年陈建功教授逝世十周年纪念大会

1981 年 10 月，在杭州大学举行了陈建功先生逝世十周年纪念大会。复旦大学校长苏步青在大会发言中讲道：“陈先生虽然逝世了，但他在数学界的贡献不可磨灭，他的教育思想光照后人，他的爱国主义举动永远值得我们学习。”《杭州大学校报》刊登了陈建功教授逝世十周年纪念会侧记：“桃李思园丁，高徒赞严师”。

苏步青在陈建功先生逝世十周年会上的讲话①

陈建功先生离开我们已十年多了。他逝世的时候，林彪、“四人帮”正在中国横行，教育界遭到了严重的破坏和摧残，实验室被砸光，科学讨论班也被迫停止。

“四人帮”垮台以后，特别是党的十一届三中全会以来，我国各方面的工作蒸蒸日上，教育界有了恢复和发展，数学科学讨论班早已复办了。要是陈先生有灵的话，也应该含笑于地下了。

我和陈先生第一次碰头，是在 1926 年冬天。那是他第三次到日本东北帝国大学读研究生的时候。但知道他的名字还要早，大约在 1920 年，那时他写了一篇在数学界非常有影响的论文。从第一次接触到他逝世，我与陈先生同事了 45 年，他不仅是我的同学，也是我的老师，我们长期在数学界共同战斗。回忆起来，他无论在学问方面、在道德方面，对我都有很大的教育和帮助作用。今天我是怀着无限感谢的心情来参加这个纪念会的。

陈先生的一生，做了很多的工作，用简短的言语是无法表达他一生的业绩的。用概括性的话来说，有三件事是值得我们学习的。

其一，陈建功先生是中国数学界钻研数学理论，并在这方面做出了重要贡献的第一位数学家。起初，他研究三角函数论。1929 年，他便在东北帝国大学得到理学博士的学位，这在日本是比较难得的学位，他又是外国人，论文一发表，便轰动全日本。日本报刊以及在日本的外国报刊都在头版登载了这条热门消息。接下去，陈先生又用日文写出《三角函数论》一书，由日本颇有名气的岩波出版社出版，书中许多数学用语、译语都是首创，并一直沿用至今。新中国

① 绍兴市建功中学陈建功纪念室 . 陈建功先生纪念册 [M]. 编者自印本 , 2003: 30−31. 略作修改。

成立后，陈先生自己将该书翻译成中文。他的著作开启了对中国现代数学的研究，也为祖国争了光。陈先生的第二本三角函数论著作，直到粉碎“四人帮”之后才出版。

1931年，我第一次来到浙江大学，陈先生和我便开始创办数学讨论班，这在中国也是一种首创。陈先生对数学讨论班有种种规定，其中一条：大学生读完四年课程，成绩虽好，但如讨论报告不及格，就不得毕业。后来，讨论班发展很快，凡是在浙江大学、杭州大学、复旦大学工作过的，没有不知讨论班的。陈先生最早教数学是在武汉大学，他当教授后培养了两位名家，一位是专长于代数的曾炯，另一位是专长于三角函数的王福春，可是他们都去世过早。以后培养出来的学生，如卢庆骏、程民德、夏道行、龚昇等等，没有一个不是通过讨论班培养出来的。

其二，陈建功先生不但是数学家，而且是杰出的教育家。他一直主张教学必须与科学研究相结合，如果光搞科研不教书，那就要“断子绝孙”了。不搞科学研究，就不可能提高教学质量。教学与科研是相辅相成的。陈先生的外文很好，英文、日文、德文、法文都精通，新中国成立后，他还学了俄文。在教学上，他和有些从国外归来的教授不同，用中文编写讲义，用中国话讲课，这是其他教授所不及的。陈先生毅然用中国话讲课，一破旧俗，很有创见。他的教学很注意深入浅出，能用通俗的语言，把难懂的数学原理讲清楚，例如用猴子跳跳板之类形象化的语言，来表述点集论。这更说明陈先生对数学教学是很有研究的。至于对教学重视的例子，那就更多了。他曾对我说过，教师上一堂课就要像打一场仗一样。听过他上课的人都知道，陈先生常常是一支粉笔，不带讲义，不看书本，一讲到底。他对学生约法三章：不能迟到、不能早退、中途不得提问，以避免打断老师的思路。上讲台精神百倍，下讲台满身白粉。陈先生不带讲义，并不是没有讲义。我亲眼看见，陈先生的讲义每年都要新编，老的删掉，补充新内容。即使教了多年的课程，他上一小时课，至少要备一个小时的课。可见他是多么全心全意啊！

其三，陈先生是一个爱国主义者。他的爱国行动对我有很大的教育作用。陈先生在日本得了博士学位就回国了。回国时，他对我说：你得到学位后要回来，到浙江大学来。……让我印象很深的是，我到了浙大后的第二年，陈先生便把数学系系主任的职务让给我。在今天看来，这种举动是很不容易的。后来他对人说，我能把苏步青教授请到浙大当系主任，这比什么都高兴。在我们共事的那段时间里，我们亲如骨肉，对外我是系主任，陈先生则当幕后军师。我们俩下决心，要在20年内把浙大数学系办成第一流的数学系。我们在聘请教师方面做了很大努力，并且以身作则，每个人负责四门课程。有的课程有书本，没有书本的课程，就自己编讲义。陈先生表现出了极大的爱国热情。

1937年，日本全面侵犯我国，陈先生毫不犹豫地将母亲安置在绍兴之后，便和浙大的师生开始了西迁。他的第三个孩子，在艰难的环境中，由于无钱医治，病死了。他悲痛万分。在全面抗战初期，我没有马上西迁，而是到家乡去住了半年，陈先生就来信叫我一起西迁。1940年，他叫我把家眷接到贵州去。我没有脱离大学的教育，一直工作到现在，也是受陈先生爱国思想教育的结果。

新中国成立前夕，我在杭州防空学校当教师。国民党在1949年3月准备了飞机，想先把我的几个孩子带到台湾去。我正在犹豫不定之际，便请教了陈先生。他坚定地阻止了我。现在想来，他的看法是正确的。我便决定不让孩子去台湾，否则到现在也不可能回来。新中国成立后，陈先生照样做大量教学工作，充分表明他热爱社会主义祖国。

陈先生虽然逝世了，但他在数学界的贡献不可磨灭，他的教育思想光照后人，他的爱国主义举动永远值得我们学习。陈建功先生永垂不朽！

桃李思园丁，高徒赞严师[①]

陈建功先生不但是一位著名的数学家，而且是一位杰出的教育家。陈建功教授亲手栽培的弟子、门生——如今不少已成为我国数学界的佼佼者，他们满怀深情地缅怀昔日的严师，抑制不住内心的感激之情。

一件件感人的事例显现在他们的脑中。讲吧，倾诉吧！在新的征途中，叙叙昔日的师生之情，继续从老师那儿汲取力量，去完成老师未竟的事业，为祖国的“四化”伟业而奋斗。这里记的，仅仅是他们讲述的一小部分。

① 桃李思园丁，高徒赞严师[N]. 杭州大学校报，1981-10-22.

“一定要把数学系办下去”

中国科学院数学研究所研究员张素诚同志的回忆，把人们带到抗日战争的艰苦年代。抗日战争全面爆发后，陈建功教授把家眷送往绍兴，只身随浙大西迁，在极端困难的条件下从事教学与研究。1939 年暑假，张素诚同志与陈先生一道回家探亲，分手时，陈先生特地把他叫住，跟他讲了两句话。一句是：“决不留在沦陷区。”另一句是：“一定要把数学系办下去，不使其中断。”办好浙江大学数学系，使之成为第一流的数学系，这本是陈建功教授与苏步青教授早就立下的宏愿，即使在敌人的炮火中，陈建功教授的这种决心也丝毫没有动摇。

当时生活是何等艰苦，烟瘾极大的陈先生不得不戒烟了。一天上午，陈先生走到隔壁张素诚同志的房间，对他说：“素诚，我从今天早上起戒烟了。我第一个告诉的就是你。”张素诚同志不免感到惊奇，平时都是他给陈先生买烟，知道陈先生一天要抽两三包烟。然而陈先生说要戒烟，就果真戒掉了。

“有了第一篇，就会有第二篇”

早已建树于数学界、成为知名数学家的复旦大学数学系系主任谷超豪教授，回想起陈先生对自己的教诲和培养，无比激动。他说，陈先生讲完课，还布置很多习题，有的习题难度大，相当于一篇论文。陈先生要求严格，常常让研究生当场做习题，做不出就让其“挂黑板”（即立在黑板前）。

谷超豪教授说，陈先生对青年人总是热情鼓励。他毕业后，跟陈先生一起做了一些初步的工作，陈先生就同他联名发表论文。陈先生还鼓励说：“有了第一篇，就会有第二篇、第三篇……”

“鸡孵鸭子”“老鹰抓小鸡”

陈建功教授育才心切，急于为国家多培养人才，招收过许多研究生。复旦大学数学研究所副所长夏道行教授回忆说，陈先生在复旦，最多时曾同时培养 20 多名函数研究生。是不是陈先生只顾发展函数论而不顾发展别的数学学科呢？完全不是。陈先生曾说，国家需要很多年轻的各个方面的数学家，而他只会培养函数方面的人才，于是他要采取“鸡孵鸭子”的办法为国家多培养一些人才。他是要给研究生打好基础，给他们一些科学研究的训练，使他们毕业后有更好的条件去搞别的新方向、新学科。

夏道行教授说，陈老重视和提倡基础理论研究。这在当时是要受到批判的。1958年就有人攻击基础理论研究，大字报铺天盖地而来。但陈老不怕。他认为基础理论搞好了，就如同老鹰抓小鸡一样，可以站得高，看得远，实际问题也就比较容易解决。当时还有人提出要批判“一篇论文主义”，意思是不应当提倡教师写论文。陈老曾幽默地说，“一篇论文主义”当然要批判，一个人不应该只写一篇论文，一定要先写一篇，然后再写一篇，一篇篇论文积多了，研究成果系统化了，可以写出一本书来嘛！

老师的不眠之夜

陈建功教授认真讲课的事给学生们的印象非常之深，以至于每当他们回忆起来，总要举出许多这方面的例子。

夏道行教授说，陈老在复旦时，60多岁了，每学期都上课，最多时一学期上三门课。而且他上课从来不带讲稿。陈老曾对他说，他在讲课前一天备课时就能把讲稿背出，讲课的当天早上，还要丢开讲稿默诵一遍。

南京大学数学系系主任叶彦谦教授说，陈老上课时，总是提前进教室。当学生们来上课时，他已写了满满一黑板。

厦门大学数学系系主任方德植教授说，1932年的一天，他发现陈先生给他们讲课时，眼睛很红。课后问什么原因，陈先生说:“昨夜没有睡觉。”又问他做什么，陈先生说:“就是写今天给你们讲的讲稿。”时过近50年，方教授回想起这些还历历在目，赞叹不已。

笔记本取名为“钝叟”

北京大学数学研究所所长程民德教授，是陈建功教授培养的第一个研究生。他激动地说，陈老一生，忠于党，忠于人民的教育事业。他的爱国精神，永远值得学习。陈先生下决心要把浙大数学系办成第一流的数学系，这不仅仅是他的个人抱负，还是为国争光。程民德教授还回忆说，陈先生很谦虚，他把自己的笔记本取名为“钝叟”（迟钝的老头），即可见一斑。他从来不在学生面前讲自己解决了哪些问题，总是讲别人怎么怎么好。

二、1993 年：函数论国际学术讨论会暨纪念陈建功教授诞辰 100 周年大会

1993 年 5 月，位于西子湖畔的杭州大学（现浙江大学）受到世人瞩目。原来，函数论国际学术讨论会暨纪念陈建功教授诞辰一百周年纪念大会在该校举行，来自世界各地的 130 多位专家教授云集杭州，专程来参加这一有深刻纪念意义和重大学术价值的隆重集会。

陈建功教授是我国函数论学科的开创者之一，特别是在三角级数论、复变函数几何理论和函数构造论方面，其杰出的成就享誉国内外。他一生为祖国培养了一大批卓有成就的数学家和数学工作者，学生遍布美国、加拿大、波兰、新加坡、日本及中国的许多著名大学与研究机构，他们在各自的岗位上为数学事业做出了出色的贡献。

陈建功教授生前担任过杭州大学副校长、全国人大代表、浙江省人民委员会委员、九三学社中央委员、中国科学院学部委员（院士）、中国数学会副理事长、浙江省科协主席等重要职务。为改变我国科学的落后面貌，他用辛勤的劳动，为培养和造就一个国际一流的数学学派的崇高理想而奉献一生。

这次会议是由陈建功教授生前工作过的浙江大学、复旦大学和杭州大学联合举办的。美国加州大学巴巴拉分校樊玑教授、美国普林斯顿大学斯坦因（E.M.Stein）教授、北京大学程民德教授担任会议组委会主席，苏步青教授任名誉主席，陈省身教授、丘成桐教授任名誉顾问。杭州大学校务委员会主任薛艳庄，浙江省副省长张启楣，著名数学家程民德、王元、依格利（日本）、樊玑（美国）、曹锡华等以及陈建功教授之子陈翰馥教授都在大会上做了精彩发言。会议期间，有 7 位著名数学家在全体大会上各做了一小时的学术报告，12 位数学家在分组会议上做一小时报告，67 位教授在分组会议上各做了 15 分钟工作成果报告，他们交流了各自在数学研究方面的最新进展和工作成果。

这是一次杭州大学乃至浙江省学术界空前的盛会。出席盛会的大都是陈建功教授的生前好友、同事、学生和亲属。追思忆昔，情深意切，缅怀先辈，弘扬精神。大家一致表示：要以陈建功教授为榜样，严谨治学、勤奋工作，以不懈的努力，实现陈建功教授的宏愿，为实现使中国在 21 世纪成为世界数学大国的神圣目标而共同奋斗。

三、2013 年：陈建功先生诞辰 120 周年纪念活动

2013 年是中国现代数学研究的先驱、著名的数学家和教育家陈建功先生诞辰 120 周年。为了缅怀先生的道德文章、大家风范，浙江大学、杭州师范大学和复旦大学先后举行了系列活动以示纪念。

（一）浙江大学活动纪要

2013 年 5 月 31 日上午，陈建功先生诞辰 120 周年座谈会在浙江大学玉泉校区邵逸夫科技馆隆重举行，由浙江大学数学系系主任包刚教授主持。出席活动的有浙江大学常务副校长吴朝晖，中国科学院院士陈翰馥先生等陈建功先生家属 8 人，中国科学院夏道行院士、石钟慈院士等陈建功的学生 18 人，以及陈门后辈学生、兄弟院校来宾、浙大师生代表约 200 人。

陈建功先生的长子陈翰麒首先发言，他回忆了父亲早年艰苦求学的经历，激励大家向陈建功先生学习，艰苦奋斗，为祖国的发展做出贡献。然后，与会的陈翰麟研究员、陈翰馥院士、夏道行院士、石钟慈院士、王斯雷教授、施咸亮教授、林正炎教授等依次发言。

浙江大学纪念陈建功诞辰 120 周年座谈会会场

（二）杭州师范大学活动纪要

2013 年 6 月 1 日，在由陈先生就读过的浙江两级师范学堂发展而来的杭州师范大学，举行了陈建功高等研究院的成立仪式。陈建功高等研究院由陈先生的弟子夏道行先生担任院长，陈先生的三子陈翰馥院士担任学术委员会主任。在成立仪式上，杭州师范大学校长叶高翔教授与夏道行先生共同为陈建功高等研究院揭牌，陈翰馥与石钟慈院士共同为陈建功先生铜像揭幕。参加成立仪式的有陈先生的家属和来自世界各地的陈先生后辈学生、国内外高校来宾 100 多人。

成立仪式结束以后，夏道行先生、陈建功先生的长孙陈竞一教授、山东大学彭实戈院士先后做了学术报告。然后由浙江师范大学陈杰诚教授主持了追忆陈建功先生座谈会。年过九旬、专程从北京赶来的越民义研究员，浙江大学的董光昌教授，中科院计算数学研究所的石钟慈院士，复旦大学陈天平教授先后发言。

杭州师范大学校长叶高翔教授与夏道行先生共同为陈建功高等研究院揭牌

陈翰馥与石钟慈院士共同为陈建功先生铜像揭幕

出席陈建功高等研究院成立仪式的专家合影留念

（三）复旦大学纪念活动纪要

2013 年 6 月 3 日上午，由复旦大学数学科学学院和上海数学中心举办的陈建功先生诞辰 120 周年纪念会在光华楼东辅楼 102 报告厅隆重举行。校长杨玉良院士出席会议并讲话，会议由常务副校长陈晓漫教授主持。陈建功先生是我国数学界具有重要历史地位的数学家，也是一位杰出的教育家。他从 20 世纪 20 年代末开始和苏步青先生共同奋斗，开创了著名的“陈苏学派”。陈建功先生是 20 世纪 50 年代复旦大学 7 位一级教授之一，他也是在复旦大学工作期间当选为中国科学院学部委员（院士）和第一届全国人大代表。

当天上午，光华楼东辅楼102报告厅座无虚席，从当年亲身受过陈先生教诲的及门弟子，到从学术上说应该算是陈先生第四代、第五代传人的青年学生，大家济济一堂，共同缅怀陈老的道德文章，大家风范。陈建功先生曾就读过的杭州师范大学、工作过的浙江大学数学系的部分教师参加了会议。杭州师范大学校长叶高翔、浙江大学数学系系主任先后发言。夏道行院士做了关于陈建功生平与学术贡献的报告；陈建功先生的次子、原中科院数学研究所陈翰麟研究员作为家属代表发言。陈建功先生在复旦大学培养的学生忻鼎稼（由朱洪教授代读书面发言）、任福尧、张开明等纷纷发言，追述陈建功先生的品格和精神。

6月3日下午至6月7日，复旦大学还举行了陈建功先生诞辰120周年纪念会暨现代分析国际会议。20多位来自世界各地数学工作者（他们大多数是陈先生在学术上的传人）做了精彩的学术报告。

复旦大学校长杨玉良院士致辞及会议现场

夏道行院士做报告与张开明教授发言

陈建功先生诞辰 120 周年暨现代分析国际会议海报

陈建功诞辰 120 周年纪念暨现代分析学术会议纪念[①]

在系列纪念活动中，陈先生亲人和弟子们的回忆再一次让大家更全面地了解了陈建功先生的光辉一生。作为我国近代函数论学科的一代大师，陈建功的科学精神和教育理念仍深深地影响、激励着一代代年轻学子。他的人生境界、

① 陈建功先生诞辰一百二十周年纪念暨现代分析学术会议在复旦大学召开 [EB/OL].（2013-06-08）[2023-01-20]. 复旦大学数学科学学院网：https: //math.fudan.edu.cn/f0/fd/c30298a323837/page.htm

崇高精神和优秀品格，对于当今的大学教师、学生和广大爱好数学青年无疑具有榜样的意义。

第七节　传承之心

一、2002年传承活动：陈建功数学教育思想研讨会

先生风范千古存，长与后人作楷模。陈建功先生深厚的爱国情怀、崇高的道德品质、严谨的治学态度和杰出的学术成就永远值得继承和发扬。2002年5月，在杭州召开了陈建功数学教育思想研讨会。在研讨会上许多著名学者、教授著文评说，缅怀陈建功先生开展的数学讨论班的教学研究模式、实践与研究合一的治学理念，表达了要继承和弘扬他的科学精神和教育思想，为振兴中华做出贡献的决心。下面是中科院研究员陈翰麟在会上的发言（有删改）[①]，内容如下：

一、爱国情怀是父亲关注中学数学教育的重要原因

父亲对祖国始终是热爱的，他总把自己从事的事业与国家的利益联系起来，希望中国的数学研究能走向世界一流，希望中国能有更多的人才。中小学是基础教育阶段，数学是基础教育的主科。中学的数学教育的重要性，在于它对国家未来的发展有着重要作用。这是因为，好的中学数学教育，有利于培养广大“要过有意义的生活，做有意义的工作”的一代新人，而有了高素质的年轻一代，国家的未来就充满光明。我以为，当年父亲写两万字的《二十世纪的数学教育》一文，正是出于他的爱国之情和对中学数学教育的上述重要性有着清醒的认识。

二、从父亲的教学实践看他的数学教育思想

父亲一生从事数学研究和教学，他的教学实践活动主要在大学（浙江大学、复旦大学和杭州大学等校）。我是父亲的研究生，其实他的学生夏道行院士对我的研究生学习进行了许多具体指导。但是，父亲的数学教育思想对我的影响作用很大，至今回忆父亲的教学实践活动，体会他的数学教育思想，以下几点印象很深。

---

① 绍兴市建功中学陈建功纪念室．陈建功先生纪念册 [M]. 编者自印本 .2003: 38–40.

1. 坚持办讨论班

讨论班这种教学方式，现在已经在各大学普遍被采用。在浙江大学数学系早年的教学中，父亲和苏步青教授就已使用这种方式，据说他们是最早在数学教育中成功举办数学讨论班的人。在数学讨论班教学中，父亲的做法有几个特点。

（1）提倡学生主动找研究问题。父亲一般不是只让学生围绕老师给出的问题进行讨论，而是引导学生自己发现和提出需要讨论的问题。这对于培养学生主动学习、积极思索的能力十分有益。

（2）鼓励发挥和创新。父亲对讨论班的要求很严格，参与讨论的学生必须事先认真准备。如果报告人仅仅能够看着准备好的材料讲，他会受到批评；他们必须脱离讲稿，熟练流利地讲。如果报告人只报告已有文献中的内容，他不会受到表扬。如果他能够对问题加以发挥，特别是能有自己的新见解，并能很好地回答讨论中提出的相关问题，他会得到好评。参加这种讨论也使我得到很多收获，我记得石钟慈先生（现为中科院院士）当年在讨论班中的表现十分出色，我父亲对他的评价很高。

（3）注意构建自由民主的学术空气。讨论班中经常出现不同意见，父亲认为这是非常正常的。对于这些意见，他往往不是简单地肯定或否定，而是引导大家深入讨论，在比较中学会鉴别，提高认识。他还非常注意发现学生的长处，我常常听他说起一些学生的优点，表示应该向他们学习。

父亲坚持讨论班教学数十年，直至“文革”开始不得不停止。这种做法对于培养优秀学生起了重要作用。他的许多学生，如程民德、夏道行、龚昇、王斯雷、谢庭藩、施咸亮、李立康、赖万才、何成奇等，都成为一些数学分支的学科带头人。

2. 倡导研究式学习

父亲始终认为研究和教学是密不可分的两项工作，它们可以互相促进。他说：“要教好书，必须依靠研究来提高；反过来，不教书就培养不出人才，科研也就无法开展。”

在数学学习上，父亲注重基础，更注重以研究问题的方式来学好基础。在教学中，他鼓励学生通过自己研究问题来提高水平，尽快进入学术前沿。在这方面，我讲两件我亲身经历的事。

一件事发生在20世纪50年代初期，我在清华大学数学系学习时，父亲来北京开会，我去见他，谈及如何学习数学。他说："要透彻理解书本内容，就必须研究字面后隐藏得更深的问题。一个定理只会背会证是不够的，要对它的内容进行分析，考虑其中的条件改变后结果会怎样变化，从定理能进一步得出哪些新命题，这个定理的地位和作用如何等。"他还主张要在透彻理解的基础上熟练掌握重要内容。这些话对我后来在学习中注意自主研究很有帮助。

另一件事是在我大学毕业后，为自学单叶函数，我找了一本大厚书（Schaeffer的论著）艰难地啃它，效果自然不佳。父亲见到后说："你不能亦步亦趋地按人家的思路慢慢走，从头到尾不分主次地按照严格的已有知识体系学，这样效果不好。你应在有一定基础后，关注学术发展动态，学习研究新问题，写写自己的研究心得，通过研究问题检验和提高自己，不断前进。"在他的启发下我改变了学习方法，不久完成了两篇研究论文，由此增强了学习自信心，考取了复旦大学数学系的研究生。

现在看来，现代教育理论所倡导的一些做法，例如培养自主学习能力，重视学习过程，创设问题情景，以问题解决带动学习，在研究问题的过程中建立新的认知体系等，在我父亲的教学实践中已有朴素的体现。

3. 重视数学的实际应用

父亲长期研究函数论等抽象性很强的数学内容，教书也是这些内容。但是，他不轻视数学的实际应用，《二十世纪的数学教育》一文中所说的"数学是物质支配和社会组织之一武器……假如数学没有实用，它就不应列入于教科之中"，也反映了他的态度。特别是随着时间的推移，他对数学要联系实际这一点越来越重视。

20世纪60年代初，我在复变函数的应用方面做了一些工作，联系奇异积分方程取得了具有应用价值的结果。父亲对此很高兴，在他的鼓励下我带着这些成果参加了全国函数论会议（颐和园龙王庙会议）。

20世纪70年代初，我去工厂联系工程实际研究数学问题，并且联系到电子计算机的应用，这得到父亲的赞许和支持。后来我和其他同事（李大潜等）结合舰船设计等问题，取得了数学应用的成果，发表了有关论文。

在数学研究中，要注意向新的方向拓广，注意联系实际，这是父亲晚年学术思想的特点。从70年代后期起，我先后在样条函数、小波分析等方面做研究，它们都与实际应用有一定的关系，我想这与父亲对我的影响是分不开的。

4. 不断革新，积极进取

父亲在年轻时就已取得很多成就，但他从不自满，一生都保持积极向上的态度。从《二十世纪的数学教育》一文中可以看出他十分注意学习外国经验，并主张将其运用于中学数学教育改革之中。对于高等数学，他同样持这样的态度。他精通英语和日语，通晓德、法、意语，年过花甲还学会了俄语，对一些数学术语的引进翻译也做出了贡献。他十分关心国外数学研究的发展，并注意吸收新的学术思想，开辟新的研究领域和途径。尽管他在函数论的研究和教学中已结硕果，但他并不故步自封、墨守成规，而是长期坚持进行科学研究，不断革新教学内容。例如，20世纪50年代苏联西伯利亚科学院院长拉扑甫连捷也夫来华访问，父亲从他的报告中受到很大启发，经过认真考虑之后，他重新修订了复变函数的研究生教学计划，并以新观点写了专门化课程的讲义，这些革新对研究和教学的发展起了重要作用。

父亲经常思考如何对教学内容进行吐故纳新。苏步青教授回忆说："陈先生讲课总是一支粉笔，不带讲义，不用提纲，不看书本，一讲到底。不带讲义，并非没有讲义，他的讲义年年都重新改过，删去一些旧内容，将新的内容补充进去。"

父亲备课极其认真，讲课前一天，他都要仔细审查讲稿；讲课当天早上，还要默诵讲课内容；有时边吃饭边思考，用筷子在饭桌上写写划划。他常说：讲一节课就像打一次仗一样，一定要充分准备。他在讲课中很注意启发学生积极思考，也很有风趣，学生很喜欢听他的课。

父亲对我国数学教育的考虑并不局限于自己所熟悉的学科分支，而是能从全局利益出发。他在复旦执教时已年过六十，但仍带了三个年级的十几名研究生。他带这么多学生，并不只是为自己所专攻的数学分支后继有人，也是为开拓其他数学分支学科准备后备军。他说："函数论是我的专长，我可以通过指导他们搞这一行，把他们尽快带进研究领域，教会他们独立从事科研工作的方法，将来搞国家需要的研究。"他把这种培养人的方法，生动地比喻为"鸡孵鸭"。他说："现在国家需要扁嘴巴，但是尖嘴巴也可以孵扁嘴巴嘛！"他的许多学生后来在函数论以外的其他领域都取得了很好的成绩，为我国的数学研究做出了贡献。

父亲逝世已经31年了，但他对我的教诲永远留在我心中。在我进行科研和带研究生的时候，我学习了他的教育思想，继承了许多他的好的做法，这对我做好自己的工作发挥了重要作用。

二、2003年传承活动：蕺山小学《百年校志》与《陈建功先生纪念册》

（一）绍兴市蕺山小学《百年校志》与陈建功院士给母校的一封信

绍兴市蕺山小学地处绍兴市越城区西街70号，毗邻王羲之故居和蔡元培故居。校内北面系学校前身蕺山书院的旧址所在。学校历史悠久，自南宋乾道年间蕺山相韩旧塾发轫，经明代的证人书院、清代的蕺山书院，辗转递嬗，弦歌相继，在蕺山南麓立校，至今已历8个世纪之久。从1902年（清末光绪二十八年）由蕺山书院改为山阴县学堂算起，学校办学亦有100年的历史。如今，蕺山小学肩负着祖国人民赋予的历史责任，朝着超越前代的恢宏目标，正努力攀登一个新的历史台阶。

山阴县学堂是绍兴第一所公立普通高等小学堂，后来校名变更为绍兴县高等小学校、绍兴县立第一小学校等，新中国成立后更名为绍兴市蕺山小学。《百年校志》中记载的著名校友中，就有历史学家范文澜先生、数学家陈建功教授。范文澜和陈建功于1955年同为中国科学院学部委员（院士）。《百年校志》中记载："陈建功在1964年接到蕺山小学修校史寄来的信，并非常高兴给母校写了回信。"

绍兴市蕺山小学内的蕺山新书院

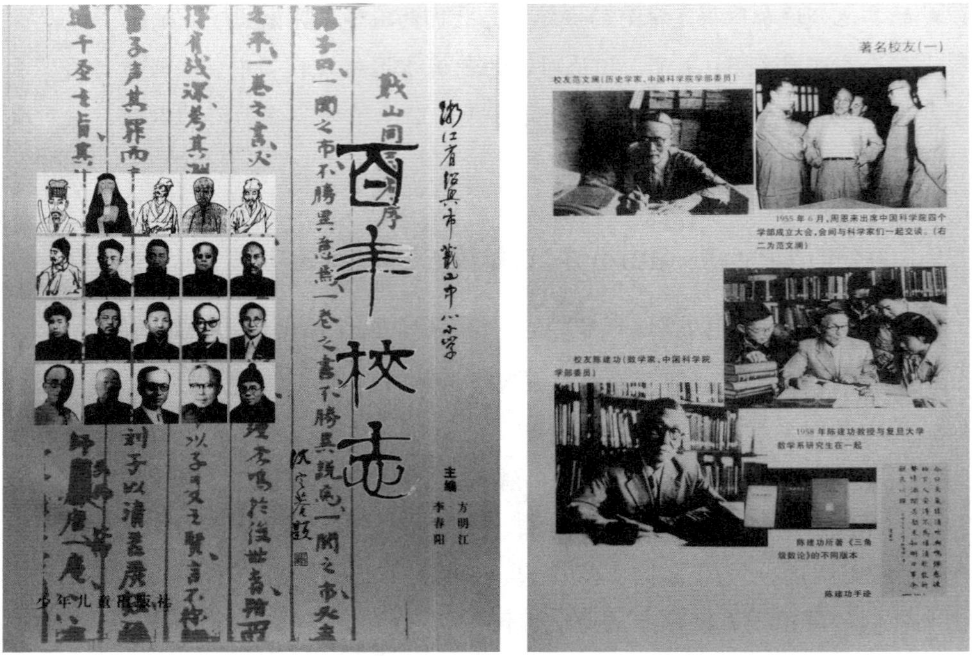

《百年校志》封面与著名校友（一）

陈建功院士给母校的一封信[①]（1964年）

戢山中心小学各位同志：

今日突然接到母校来信，读完之后，又兴奋又高兴。同志们要我回忆将近六十年前的事情，我自然答应。可是拉拉杂杂，恐怕写不清楚，有负同志们的雅意。

我于1905年（光绪三十一年）春入山阴县学堂，住瞻云楼楼上，楼下系饭厅，当时我号称十三岁，其实还未足十二岁（我生于1893年9月8日——阳历）。开学时，堂长徐锡麟先生讲了话，但是我没有听懂他所讲的话，现在只记得他最后一句，“不知诸君以为然否？”实际上做校长（堂长）的，并不是徐先生而是陈邦翰（牧缘）先生（徐先生另外办了一个大通学堂聘秋瑾为教员）。全校同学不上三十人，当时的教员有下列几位：

陈质夫（经学、史学），本地人。

① 李春阳，方明江．百年校志 [M]. 北京：少年儿童出版社，2003: 233.

陈伯风（算术、代数、形学——即几何学），余姚县人。

郁九龄（东文、日文兼体操），肖（萧）山县人，信佛教。

张振青（英文教员），本地西街人。

任云瞻（预科教师），大云桥人。

郁先生未到之前，由同学沈由智代教体操。沈于辛亥革命时亡故（其坟在岳坟近旁）。

当时我是预科的学生，但是也去上沈、郁、张诸师的课，学得英文和算术的初步。夜间无灯，我从家中带去菜油灯一盏，也够光明了。有些人用洋油灯。

账房里坐着一位姓翁的，余姚县人，庶务邵姓。翁、邵都是陈牧缘先生的亲戚。

1905 年的秋天，徐锡麟发起山会两县的（体操）运动会，其实（时）浙江省其他地方未闻有运动会。会的规模当然是简单的，在那个会上，看到了秋瑾女侠——第一次看到也是最后一次看到，到了 1906 年，徐、秋相继成仁。

当时，大善寺内设了一个学务公所，后改称劝学所。蔡元培任所长，何勋业为所员。1906 年，何勋业（屺瞻）改任山阴县学堂堂长，聘得一批新教员，其中重要的有：

薛朗仙先生（经学、地理、历史），蔡元培的襟兄。

沈伯明先生（算术、理科），徐锡麟的弟子，现在还在杭州。

吴复先先生（体操）。

李元芳先生（图画）。

陈书玑先生（英文），时，张振青先生已调衢州中学。

马藩卿先生（国文，改作文）。

张光耀先生（琴歌），后死于日寇。

功课很紧，忙得不堪。我对于各位老师的课，门门都感兴趣，比方说，我绘了许多地图，一直到了三十岁以后，这些地图还是保存着的。

李克定先生是教习字的，他一直教到我们毕业，他是外科医师李琴南的哥哥，“李大少爷”的长子。

1906 年的夏天，徐锡麟和蔡元培都离开了绍兴，徐到了安徽，蔡到了青岛。

到了1908年的冬天，何屺瞻先生想了办法，依照当时的章程，给我们考了毕业。同班级的共十六人，成绩如下：最优等三人，优等十人，中等三人。我虽在最优等之列，学问最好的，还要推优等的范文澜（锦鳞桥范家）。他做过北京女师大校长，入延安后，做党的工作，现任中央候补委员，中国科学院历史研究所第三所所长。

陈建功

1964.1.16

（二）陈建功纪念室落成典礼，编印《陈建功先生纪念册》

绍兴市建功中学非常重视科学理念与校园文化的融合与引领，专门组织团队联系家族代表陈翰麟研究员、陈翰馥院士，走访陈建功故居，收集整理陈建功先生留存的照片和光辉事迹，并在校园内建成了陈建功纪念室。全校师生通过参观陈建功纪念室，深刻领会和弘扬陈建功先生的科学求是精神，坚持教育创新，力争把建功中学办成现代化名校。伴随陈建功纪念室的建设，绍兴市建功中学还组织编印了《陈建功先生纪念册》，进一步推进继承和弘扬陈建功先生的爱国精神和求是精神。下文是《陈建功先生纪念册》序言。

纪念陈建功先生诞辰110周年暨陈建功纪念室落成典礼

绍兴市建功中学内的陈建功纪念室

纪念室内陈建功的雕像

陈建功先生纪念册封面

《陈建功先生纪念册》序言

陈建功先生是我国当代杰出的数学家、教育家。作为以他的名字命名的学校，我校师生深感自豪与光荣，更感激励和鞭策。今敬辑先生纪念册，以示珍视。

作为数学家，陈建功先生勇攀高峰，一生为振兴我国现代数学呕心沥血，成就卓著；作为教育家，先生甘为人梯，一生为培养我国科学人才勤耕不辍，桃李满园；先生一生热爱祖国，淡泊名利，真诚朴实，人人仰慕。先生留给后人的不仅仅是一篇篇闪烁着创新精神的数学论文，更是一曲曲铭刻着做人哲理和情愫的华章。缅怀先生崇高的精神和品格，我们感到一种催人奋进的力量、一种永存的人格魅力，这是我校最可宝贵的一笔精神遗产。

今天，我们纪念陈建功先生，就是要发扬先生的爱国精神，勤奋学习、工作，立志报效祖国，承担强我中华的历史重任，就是要继承先生的求实创新精神，坚持教育创新，不断提高教育质量，努力开创学校教育的新局面，应对新时代的挑战，就是要学习先生的高尚人格，为人师表、教书育人，为培养高素质的新一代辛勤耕耘，就是要学习先生顽强的意志和毅力，刻苦钻研，打好基础，不断进取，有所作为。

仰面注视先生微笑、自信的遗像，我们将不辜负先生生前的殷切期望，为祖国美好的明天、为建功中学的美好明天奋发图强、努力前行。谨以此言，告慰先生。

三、2007 年著作传承:《一代宗师——钝叟陈建功》《数学大师论数学教育》的出版

(一)《一代宗师——钝叟陈建功》的出版

2007 年 9 月，骆祖英教授撰写的《一代宗师——钝叟陈建功》由科学出版社出版。骆教授为了能如实逼真地展现科学大师陈建功先生的人生内涵，查阅、走访、求证整整 17 年之久，最后定格成书“一代宗师陈建功”。此书字里行间透露出陈先生求真的科学精神和继往开来的数学教育思想，突显了数学教育是数学家与教育家的共同产物。

浙江师范大学骆祖英教授一生从事数学史与数学教育研究，曾对国际数学界著名的“伯努利家族”的数学贡献进行过史料研究。也许是陈建功的数学贡献与“伯努利家族”有着惊人的相似，推动着骆祖英教授深入研究陈苏学派，从而产生了这本《一代宗师——钝叟陈建功》。

《一代宗师——钝叟陈建功》序言[①]

陈建功教授是我国现代数学事业的奠基人之一。他毕生从事数学研究和教育工作，为我国的科学与教育事业做出了杰出的贡献，在国内外教育界、数学界享有崇高的声誉。

陈建功教授热爱祖国、热爱数学，把毕生精力奉献给祖国的数学研究和教育工作。早年三次赴日本求学，获博士学位后，毅然回国在浙江大学任教。1937年抗日战争全面爆发后，他表示“决不留在沦陷区”“一定要把数学系办下去，不使其中断”，充分体现了他忠于祖国、忠于教育科学事业的高尚情操。

陈建功学术境界高超、宽广，他虚怀若谷，精益求精，永无止境。凡是受业于陈建功的，都知道他在培养人才方面呕心沥血的事迹。他对自己是治学唯严，从不满足于既有的成就，对学生是诲人不倦，数十年如一日，年逾花甲还在为大学生上基础课，古稀之年还同时指导三个年级的十多名研究生。他的教学、科研结合和教学相长的观念，深深地影响着一代人。陈建功的崇高理想就是要改变我国科学落后的面貌，用辛勤劳动培养一批人才，造就一个第一流的数学学派。在他和他的学生多年的努力下，中国的数学研究和教育事业取得了长足的进步。他的崇高理想一定会实现。

20世纪60年代初，陈建功已调离复旦大学，转任杭州大学副校长。但为了复旦大学数学事业的发展，他继续在复旦大学招收研究生。我有幸通过考试，成为恩师的一名研究生，在恩师的指导下度过了三年研究生学习生活。三年中，陈老的身传言教，学生终生受用。

恩师精于数学，善于教学。成为他的学生，是我的一大幸事。他的“不从事研究的老师不是一个好老师，教学必须相长”等至理名言，学生一辈子也不会忘记。

对学生，他谆谆教导、耐心细致。当我完成第一篇习作时，他就鼓励我去发表，并引导和鼓励我一步一步考虑一些更深、更广的课题。在三年中，我发表了10篇文章。特别令人感动的是，在每篇稿件上都有他密密麻麻的修改和批注。

恩师平易近人，对待学生和蔼可亲，从不用他的社会地位压人。我是复旦

① 收录时略作删改。

大学的研究生，平时在复旦大学生活、学习，每学期去杭州大学学习一次。由于当时交通不便，想少走些路，因此，一下火车就先赶往恩师家，他都欣然让我搭他的车去学校。

先外公是清朝进士，20 世纪 20 年代担任浙江省教育会长；父辈也多人留学日本，有的回国后在浙江大学、浙江医学专门学校任教授。一次，我无意中说起我外公及父辈，恩师略带惊异地说，早年曾去拜访过我外公，还兴致勃勃地描述见面时的细节：我外公身着道袍，一副道士装束；也谈起与我其他父辈的交往。在以阶级斗争为纲的年代，人们唯恐批“封资修”不及，恩师能与学生谈论与先辈多年前的交往，实在难能可贵。

恩师仙逝逾 30 年，但他的音容笑貌、谆谆教导及当年的雪泥鸿爪都历历在目。学生今日取得的任何成绩都得益于恩师的教导。

最近得知，骆祖英先生正在撰写《一代宗师——钝叟陈建功》，非常高兴。当骆祖英先生约我为此书写一篇序言时，便欣然从命。谨以此寄托对恩师的无限感激和思念之情。通过这本书向广大有志于从事科学（特别是数学）、教育事业的青年人介绍陈建功教授毕生为之奋斗的数学、教育事业，以及做出的重大贡献，是一件非常有意义的事情。希望更多的年轻人学习陈建功教授热爱祖国、热爱数学，对数学的研究和教育工作精益求精的高尚品德，为实现他造就一个第一流的数学学派的崇高理想而努力奋斗。

（复旦大学陈天平教授，2007 年 3 月）

（二）《数学大师论数学教育》的出版

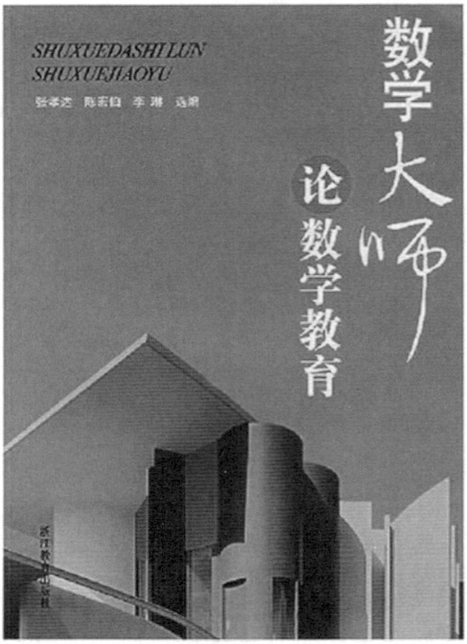

2007年张孝达等主编的《数学大师论数学教育》由浙江教育出版社出版了。《数学大师论数学教育》一书中选择了我国早期的6位院士数学家（陈建功、苏步青、陈省身、华罗庚、关肇直、吴文俊）撰写的有关数学和数学教育的论文。正如陈建功先生在《二十世纪的数学教育》一文中所说的“切望着我国的数学教育有更进一步的革新”，这本书可以让广大数学教育工作者借鉴数学大师的教育观点，提高对数学教育的认识，切实改革存在的问题，从而真正提高我国数学教育的质量。

四、2015年传承活动：绍兴市建功中学的校庆并提炼建功精神

2015年11月18日，绍兴市建功中学举行建校100周年庆祝大会，概括并提炼了“爱国、笃学、严谨、质朴”的建功精神，同时举行了陈建功先生铜像揭幕仪式。建功中学名誉校长陈翰馥院士做了《陈建功先生精神解读》主题报告。

绍兴市建功中学是一所以我国著名绍兴籍数学家陈建功先生名字命名的现代化初级中学。学校传承古越文化底蕴，发扬陈建功先生的“爱国、笃学”精神，提出了“素质为重、艺术见长、全面发展”的办学理念，确立了“品质立校、书香兴校、艺术荣校”的特色定位。全校师生牢记“立德树人”的神圣使命，走内涵发展之路，以质量求发展，以特色创名校，取得了丰硕的成果。“博学善教”、乐于奉献铸就了爱生如子的教风；“勤学善思”、全面发展形成了求真务实的学风；“尚德明理”、让优秀成为习惯凝聚成追求卓越的校风；以“诚爱勤朴”为底色的校园文化更是激励着全校师生书写新的荣耀。

绍兴市建功中学举行建校 100 周年庆祝大会

名誉校长陈翰馥院士做《陈建功先生精神解读》主题报告

绍兴市建功中学内的陈建功铜像揭幕仪式

五、2017 年传承活动

（一）陈翰馥回访母校与绍兴一中的“建功楼”“院士柱”

2017 年 11 月 3 日，正值初秋之际，丹桂飘香，绍兴一中镜湖校园迎来了 1951 届初中校友、自动控制理论专家、中国科学院院士陈翰馥及其夫人王淑君。陈翰馥 1937 年出生，1948—1952 年在绍兴一中就读（初中毕业后又读了一年高一）。

绍兴市第一中学创办于 1897 年。学校创办以来，历经风雨沧桑，至今已有 120 多年的辉煌办学历史。办学至今，学校走出了两位北大校长（蔡元培、蒋梦麟）和 19 位中外院士(陈建功、金善宝、毛汉礼、全泰勋、胡鸿烈、徐承恩、潘家铮、邢球痕、许溶烈、沈家骢、徐寿波、许绍燮、沈珠江、陈洪铎、陈翰馥、沈士团、陶文钊、徐扬生、叶军)，还有一大批文化教育、体艺卫生、政界商道等领域的精英人才。绍兴一中为做强校园文化，在校容校貌方面精心布置，如在校园内以著名学者名字命名教学楼和设置院士柱等，以激励一中学子努力学习、勇攀科学高峰的勇气和信心。陈建功是中国现代数学的奠基人之一，创立了陈苏学派，享誉国际。绍兴一中校园内专门建有“建功楼”和为他设立的“院士柱”。

陈翰馥院士感谢母校领导的热情接待。他表示，当年一中的学习生活是自己印象最深、受益最多的一段生活，自己能有今天这样的成绩，离不开母校的栽培，离不开当年老师们的谆谆教导。虽然毕业离校至今已经有近 70 年了，但当年在母校求学生活的经历还是依旧清晰。陈老说，当年自己在仓桥校区读书，那时的各科老师，那里的建筑布局，到现在还是记忆深刻。“我父亲一定要让我们兄弟（陈翰麟、陈翰馥）回绍中读书，他自己也是在绍中读的书，知道这是个好学校。我那时在仓桥读了初中，毕业后又读了一年高一，才去上海继续求学的。”听到母校现在取得了出色的成绩，陈老很高兴。“希望母校越办越好”，老院士反复强调。

随后，陈老夫妇在校领导陪同下，来到“建功楼”前，为以父亲陈建功名字命名的“建功楼”揭牌。揭牌之前，面对参加仪式的绍兴一中“创新班”高一（17）班 40 多位学生，陈老语重心长地说：“学校将此楼命名为‘建功楼’，是希望同学们要好好学习，将来建功立业，报效祖国。我们父子没有做出多少贡献，感谢母校如此厚爱，我和同学们一起共勉。相信大家以后一定会做得比我好。”

“建功楼”揭牌仪式

院士柱（陈建功）

揭牌仪式后，陈老与这些小学弟、小学妹在会议室进行了亲切交流、座谈。这些创新班的孩子们围着陈老就如何学好数学、如何掌握解题方法、如何在大学进一步做好专业发展等纷纷提问，陈老一一做了详细的介绍和解答。

交流结束后，陈老夫妇和孩子们合影留念，之后兴致勃勃地参观了校史博物馆、鲁迅纪念室和元培工作室。他对母校的悠久历史、灿烂文化、骄人业绩等赞不绝口，为母校历经 3 个世纪的曲折办学而声名日隆感到由衷的高兴和自豪。在图书馆东面的系列院士柱前，陈老在父亲的院士柱前驻足瞻仰；在一楼古籍室里，他仔细询问古籍的数量和保护等情况；在绍兴一中的老校门照片前，他一见如故，倍感亲切。

绍兴一中校史博物馆的院士校友墙：左起首一为陈建功，左起底一为陈翰馥

绍兴一中的杰出校友：陈建功、陈翰麟、陈翰馥三位数学家

（二）夏道行先生忆陈建功先生及其弟子们

2017 年 5 月 20 日，著名数学家、中国科学院院士夏道行先生回母校浙江大学玉泉校区数学科学学院做了精彩演讲报告——《忆陈建功先生及其弟子们》，报告内容整理如下：

1950 年，胡和生和我同时报考了北大和浙大的研究生。当时还有龚昇，也是报考浙大的研究生。北大是要入学考试的，而浙大不用，而是同现在美国招研究生一样，你只要写一份个人简历，再附上导师推荐信。后来北大录取了胡和生和我，浙大录取了龚昇、胡和生和我三个人。最后我们选择不投名校（当时北大比浙大知名度更高），而是选择名师，陈先生（陈建功）、苏先生（苏步青）是全国第一等的数学教授，也都是中国科学院的研究员。我选择浙大的陈先生做我的导师，这对我的一生影响很大。龚昇和胡和生也到浙大报到，分别是陈先生和苏先生的研究生，后来又转为科学院的实习研究员。所以到 1952 年毕业的时候，全国只有我一个。

我在浙大一共发表了 4 篇文章，第一篇论文发表在《数学学报》上。在浙大学习期间，陈先生带领我们开展“数学讨论班”教学研究，讨论班成员主要有我、龚昇、董光昌，我们三个人轮流做报告。陈先生要求我们不仅要报告论辩的文章，而且要报告最新的成果——他每次都要问我们，有什么新的成果。开学4周以后，陈先生讲了一个定理，我觉得可以改进并做了一点改进思路，陈先生看后让我在讨论班做报告，后来大家提了意见，在陈先生指导下我改进后写了第一篇文章，稿件投寄到《数学学报》。《数学学报》第一期的第一篇文章是苏先生的，第二篇文章是华先生的，最后一篇是我的文章。（提问：当时《数学学报》是英文还是中文的？）只有英文一种，中文摘要，带通讯记录，相当于美国的proceeding offer，这个期刊文章要求是比较高的。

1952年毕业后，我和陈先生一起到复旦大学任教。1956年经陈先生推荐到苏联留学，我当时到莫斯科大学数学系函数论教研组主任那里报到，我说要跟Gelfand（盖尔范特）学，他说Gelfand不属于莫斯科大学，他属于苏联科学院。因为我俄语很不好，当时陪着我去的北师大舒永生帮了我的忙。Gelfand每个礼拜一的晚上7：00—10：00有讨论班，在讨论班之前，我可以直接去找Gelfand。我带了当时已经发表了的20多篇文章给他看。一个月后，Gelfand跟我说中间有几篇文章有意思，大概就是指这两个猜测，所以我能跟Gelfand学泛函分析，也是因为拜陈老为师。

我今年已经88岁了，这次我一定要来浙大，最主要是表达对陈先生的感恩之心。这次我要讲一讲卢庆骏先生，他是陈先生的学生，也是陈苏学派的大将。1936年他浙江大学数学系毕业后留校任教，1946—1949年在美国芝加哥大学数学研究院学习，获博士学位。回国后在浙大数学系任教，卢先生学术水平很高，给我们讲开集定理、柯尔莫戈洛夫定理，再讲到马尔科夫过程，课外他还指导我读一本书，Weiner写的《在复区域上的傅里叶变换》。卢先生讲解布朗过程，这一套理论对我影响很大，后来我学习了随机过程、无限维空间测度积分、Gelfand方程等，写了一本关于无限维空间上的测度与积分的书。之后卢先生到了复旦大学任教，再后来被调到国防部搞军工研究去了。后来他就没有做基础数学工作，我问他做什么，他说你如果进来我一定告诉你，但是我估计，是搞开集统计。后来他有很大贡献了，当了全国政协委员，这是陈苏学派第一员大将。

第二员陈苏学派大将是程民德先生。程民德先生是到美国普林斯顿大学跟导师Bochner学习傅里叶变换，并获得了博士学位。程民德先生在国内跟陈先生搞单元的傅里叶级数，后来跟Bochner搞多元的傅里叶级数。他是国内函数论方面的领袖人物，每次开会都是由他来主持。我也经常去拜访他，他对我的教诲也很多。今年 11 月 12 日到 26 日要在北京大学召开纪念程民德先生一百周年的调和分析会议，如果大家有兴趣，可以跟张恭庆院士联系。我被邀请做学术委员，当然义不容辞，很荣幸的。这是第二员大将。

第三员陈苏学派大将是徐瑞云先生。她一开始留在浙江大学任教，后来去德国留学，她的导师，大家都知道这个名字的，就是学实变函数论里面有 Caratheodory 条件，她是 Caratheodory 的关门弟子。

第四员陈苏学派大将是越民义先生，搞运筹学的。新中国成立后比我年纪更轻一点的学生，我应该不需要提了，像在座的那他自己会讲的（哄堂大笑）。

1958 年，70 岁左右的陈先生调到杭州大学当副校长，还带研究生，培养了一大批杰出的数学人才。我所熟悉的几位是陈天平、王斯雷、施咸亮，他们都有杰出的数学贡献。

关于陈苏学派的，这是我要讲的，我讲的是陈先生部分，苏先生的，我不太熟悉，不能乱讲，只能讲到这儿为止。

六、2019 年传承活动：著作《中国现代数学教育先驱陈建功》出版

2019 年 5 月，笔者撰写的《中国现代数学教育先驱陈建功》由浙江大学出版社出版。陈翰馥院士对本书的出版予以大力支持，冒着酷暑审阅稿件并写序文《父亲的数学家庭》；原杭州大学副校长谢庭藩教授，饱含深情地为该书写下了序文《忆我的老师——陈建功先生》。该书得到了海内外同仁和陈门弟子的赐教和帮助。

陈建功历经时代变迁，深受越文化和新文化思想熏陶，崇尚科学兴国，三渡日本求学获理学博士学位，毅然回国后选择浙江大学工作，开启了 40 年的数学研究和数学教育工作。

陈建功先生的数学教育思想和教学方法具体是什么呢？主要教育贡献又是什么呢？这些很少有人能说得上来。笔者从事过多年基础教育工作和高等教育工作，发自内心地想弄清楚陈建功先生的数学教育精髓到底是什么，加之绍兴市科学技术协会非常希望绍兴市数学会组织力量对绍籍数学名人的事迹加以挖掘和整理，身为绍兴市数学会秘书长的笔者首先想到的是整理陈建功先生的科

学贡献和分享他的教育治学理念。自 2013 年来，笔者通过查阅整理大量文献资料、走访陈建功先生的生活故地、采访他已耄耋的弟子们，对陈建功先生的教育思想有了进一步的理解，于是才有了著书行动。《中国现代数学教育先驱陈建功》一书深入挖掘和再现了陈建功的数学教育思想观念、人文精神、道德规范，为社会主义核心价值观的践行和当代国人精神生活的建设添砖加瓦。

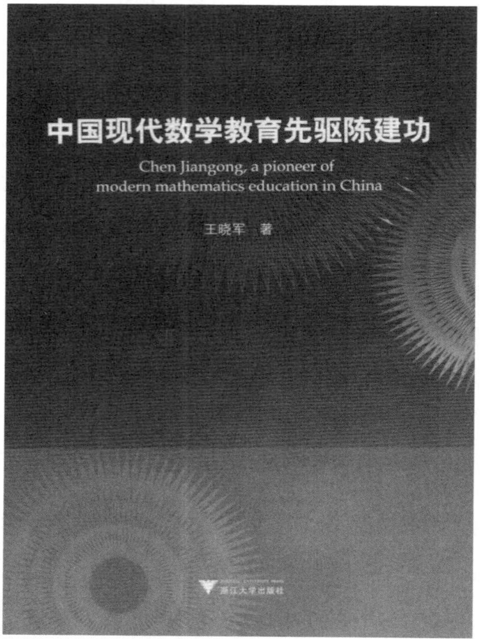

科学成就离不开精神支撑。科学家精神是科技工作者在长期科学实践中积累的宝贵精神财富。 2019 年 5 月,《中国现代数学教育先驱陈建功》出版之际，正逢党中央专门出台《关于进一步弘扬科学家精神加强作风和学风建设的意见》，要求大力弘扬科学家精神。① 随后 2019 年 10 月 18 日《中国科学报》第四版"寻找新中国科学奠基人"专栏刊登了《陈建功：中国现代数学的拓荒人》一文。2020 年 8 月,《知行合一：陈建功的数学教育思想与治学理念》在《自然辩证法通讯》上发表。2020 年 9 月，习近平总书记在科学家座谈会上的讲话又一次强

① 中共中央办公厅、国务院办公厅 . 关于进一步弘扬科学家精神加强作风和学风建设的意见 [EB/OL].（2019-6-11）[2023-04-05]. http: //www.gov.cn/zhengce/2019-06/11/content_5399239.htm.

调要大力弘扬科学家精神。[①] 继承和弘扬科学家陈建功的爱国和创新精神已引起全国数学工作者的极大关注。

《教育思想源泉与治学理念传承——评王晓军著〈中国现代数学教育先驱陈建功〉》一文于2021年4月发表在《绍兴文理学院学报》上，这也进一步说明《中国现代数学教育先驱陈建功》是继承优秀传统文化、大力弘扬科学家精神和数学教育思想不可或缺的一部参考书。

教育思想源泉与治学理念传承[②]

——评王晓军著《中国现代数学教育先驱陈建功》

著作《中国现代数学教育先驱陈建功》的出版，深度挖掘和传承了数学家陈建功的教育理念，有利于拓展高等教育的内涵建设和人才培养理念，有利于促进教师教学与科研的和谐统一。

陈建功先生是中国近代数学的奠基者之一，是中国科学院学部委员（院士），也是越文化中珍贵的科学名片。数学家陈建功的许多教育理念反映了他深受蕺山学派思想的熏陶。今天，从绍兴的蕺山小学、建功中学到建功书院，处处洋溢着数学家陈建功先生的立志成才、科学兴国的浓浓氛围。[③] 那么，数学家陈建功先生的教育思想方法具体是什么呢？主要教育贡献是什么呢？《中国现代数学教育先驱陈建功》一书，对上述问题一一做了解析。

《中国现代数学教育先驱陈建功》一书，2019年5月由浙江大学出版社正式出版发行。该书主要从五个方面对陈建功教育思想进行研究：在启蒙教育方面，陈建功就读邻家私塾和蕺山书院，深受越文化熏陶与教育启蒙[④]；在数学兴趣方面，由于当时我国现代数学发展迟缓，陈建功对数学知识有着无限渴求与执着追求，于是历经12年，三度赴日本求学；在数学教育教学方面，陈建功经历三段式的国内教学和国外进修之旅，对国内外中等、高等数学知识现状非常熟悉[⑤]；在数

---

① 习近平. 在科学家座谈会上的讲话[EB/OL]. (2020-09-11)[2023-04-05]. https://baijiahao.baidu.com/s?id=1677549460006891757&wfr=spider&for=pc.

② 缪春芳. 教育思想源泉与治学理念传承——评王晓军著《中国现代数学教育先驱陈建功》[J]. 绍兴文理学院学报（自然科学版）, 2021(4): 117-119.

③ 鲁孟河. 影响中国的绍兴名人[M]. 北京：中央文献出版社, 2007: 228.

④ 蔡漪澜. 一代学者陈建功（上）[J]. 自然杂志, 1981, 4(2): 133-140.

⑤ 陈克艰. 中国现代数学的先驱——陈建功[J]. 自然辩证法通讯, 1992, 14(5): 64-73.

学教育理念方面，陈建功主张的数学教育三原则是实用性原则、论理的原则和心理的原则，他自始至终坚持“学贵讲，尤贵行”的治学思想，始终主张教学与科研要相辅相成；在现代数学研究方面，陈建功的数学研究不仅领域广而且成果丰富，特别是在三角级数、单叶函数和函数逼近等方面。①

陈建功在从事40多年大学教育实践中，逐步完善了他高等教育的实践路径，形成了“学贵讲，尤贵行”的治学理念与实践体系。该书创造性地概述了陈建功教育思想起源于三个方面：其一，“慎独诚意”的越文化思想。蕺山学派思想盟主刘宗周的心性哲学是“慎独诚意”，蕺山学派也逐渐成为明末清初最具影响力的思想学派。陈建功曾取名“陈念台”，足见刘宗周的“慎独诚意”对他的影响之深。其二，“与时俱进、开拓创新”的先进教育思想。当时著名的教育家经亨颐主张“与时俱进”“适应新潮流”的办学方针，广采博引国内外先进教育思想，提倡人格教育。陈建功深受师长的思想熏陶，这也直接影响着他学习工作的发展选择。其三，“兼容并包，思想自由”的新文化思想。蔡元培是中国现代大学理念精神的缔造者与实践者，他的“兼容并包，思想自由”思想，使得新文化有了立足之地，科学民主有了传播土壤。同为从事高等教育的陈建功，汲取蔡元培的现代大学教育理念，并在高等教育这片热土上努力践行着、思索着。该书不仅是对陈建功教育理念的整理和挖掘，也是对我国中等、高等数学教育思想理念的创新和补充，具有较好的参考价值。

陈建功不仅是数学家，还是一位卓越的数学教育家。新中国成立之初，陈建功切望着我国数学教育有更进一步的革新。为了更好地推进我国数学教育事业发展，陈建功介绍了20世纪出现的数学教育改造运动，总结了7个国家的教育概况，包括数学教育史、数学教育观、课程设置、内容安排、教材编写等，开创了中国教育工作者研究外国教育之先河。②1952年陈建功在《中国数学杂志》上发表《二十世纪的数学教育》一文，不仅阐述了数学教育的基本原则，还从中国数学教育的现状以及未来中国数学教育改革与发展方向等方面做了翔实的理论概述。他提出了“支配数学教育的原则是实用性原则、论理的原则、心理的原则，上述三原则应该是综合统一而非对立，心理性和实用性应该是论理

① 王晓军 . 中国现代数学教育先驱陈建功 [M]. 杭州：浙江大学出版社 , 2019: 93.
② 韩扬眉 . 陈建功 : 中国现代数学的拓荒人 [N]. 中国科学报 , 2019-10-18.

性的向导”的主张。陈建功提出的数学教育三原则要求增强数学教育的实用性，理论联系实际；注重数学的逻辑推理和知识体系，激发学生对数学的兴趣；考虑学生的心理特征和接受能力，遵循学生的认知规律。当下流行的数学教育理论与陈建功教育思想理念是非常贴近的。如著名数学教育家弗赖登塔尔认为数学教育是现实、数学化、再创造的过程，波利亚的怎样解题理论和建构主义理论，以及国内流行的从注重双基教学理论到四基教学理论，等等。可以发现，他的数学教育思想对今天的数学教育改革仍具有重要的指导意义。

纵观《中国现代数学教育先驱陈建功》一书，确实具有一定的学术价值，有不少的创新点。第一，该书依据越文化思想，重新梳理陈建功的教育思想形成的根本源泉，从观念和社会制度的结合上，充分展现教育思想源泉的博大内涵。该书坚定文化自信，深入挖掘陈建功数学教育蕴含的思想观念、人文精神、道德规范，为社会主义核心价值观的践行和当代国人精神生活的建设添砖加瓦。第二，该书努力探究陈建功数学教育思想的发展逻辑，从社会变革、数学发展和教学经历的相互作用中比较中肯地揭示陈建功的质朴求真、开拓进取、“学贵讲，尤贵行”的思想特点，创新性地揭示了这一思想的发展逻辑。① 第三，该书力求从国内外数学交融、数学教育与实践、数学研究与拓展的层面挖掘陈建功的数学教育原则和治学理念的形成和实践过程，进一步弘扬了数学家陈建功的科学精神和他的优秀的工作作风。② 第四，该书还从数学研究成果和数学思想传承两个方面，进一步梳理陈建功的数学教育思想，从而有利于我国数学教育思想与传统文化的联结。

该书论点新颖中肯，具有较强的深度剖析。如第一章讲述“就读师范获启蒙思想”。陈建功深受经亨颐、鲁迅这两位从日本留学归来师长的思想熏陶，师长的爱国思想直接激励着他科学救国的选择。第二章讲述“创新本科教学模式”。当时的浙大师资十分缺乏，师资团队需要帮手，更需要建设③，陈建功从自身成才的经历中体会到，要办好浙江大学数学系（当时仅有本科教育），关键的一条是努力提高学生的自学能力和青年教师的工作能力，而这两种能力的

① 王而冶 . 坚持实事求是的学风——论陈建功的数学课程观 [J]. 课程・教材・教法 , 2002(7): 3−5.

② 代钦 . 陈建功数学教育思想的现代意义——以“数学讨论班”教学模式为中心 [J]. 数学通报 , 2010, 49(10): 23−27.

③ 郭金海 . 陈建功与高中数学教科书的编撰 [J]. 自然科学史研究 , 2017, 36(1): 76−85.

提高，很大程度上取决于严格有效的训练，为此邀请苏步青博士加盟浙大，创新举办数学讨论班教学研究模式，形成浙大、复旦、杭大三大全国知名的函数论研究基地。① 第五章论述“与时俱进，应用创新”。陈建功能随着国际上学术研究的发展，不断拓展自己的研究方向，开拓新的研究，不断推陈出新，与时俱进。这是他留给学生们的一笔巨大精神财富。全书新见迭出，给人印象深刻，启人深思。

综上分析，该书视角新颖，文献功底扎实，结构严谨，立论精审，论证周详而富有立体感，是我国数学教育研究领域不可多得的一部力作，也是研究越文化教育思想、数学教育思想不可或缺的一部参考书。

七、2020 年传承活动：继承与弘扬陈建功的科学精神与治学理念

（一）绍兴市建功中学传承建功精神

2020 年 10 月 12 日，建功中学在建校 105 周年之际，特邀陈建功之子陈翰馥院士来校访问。为传承建功精神，学校举行了绍兴市建功中学教育集团名誉校长聘任仪式暨陈翰馥院士报告会。

陈翰馥院士在建功中学访问，传承建功精神

① 骆祖英．陈建功与浙江大学数学学派 [J]. 中国科技史料，1991, 12(4): 3–11.

名誉校长聘任仪式暨陈翰馥院士报告会

（二）浙江省数学会主办陈建功教育思想研讨会

2020 年 11 月 13—15 日，浙江省数学会与绍兴市数学会联合举办浙江省数学会第十二届理事会 2020 年年会暨陈建功教育思想研讨会。本次活动由浙江省数学会主办，绍兴市数学会、绍兴鲁迅中学和绍兴文理学院承办。

浙江省数学会理事长包刚教授，陈建功先生学生、中国计量学院原校长谢庭藩教授，全国数学教育研究会副理事长张维忠教授，绍兴市科协袁承华副主席，绍兴市数学会理事长盛宝怀教授，苏步青奖获得者、绍兴鲁迅中学张惠民校长及浙江省数学会理事代表等 100 余位省内专家参加了此次年会，可谓群贤毕至，少长咸集。开幕式由浙江省数学会秘书长卢兴江教授主持。

浙江省数学会理事长包刚教授汇报了本届理事会在机制创新、学术研讨、竞赛筹备、人才培养等方面做出的努力和取得的成果。包教授倡议数学会要不断推进自身建设，进一步密切与中学的联系，为新一轮课改选拔人才打好基础；要注重青年人才的培养，助推基础领域的学科发展和技术创新；要锐意进取，服务社会，为数字经济赋能；要打破壁垒，强化配合联动，发扬“陈苏学派”精神，共同提升研究水平和教育质量，以促进数学事业的发展。

浙江省陈建功教育思想研讨会专家留念

浙江省数学会第十二届理事会常务理事会议现场

陈建功教育思想研讨会报告一："我的老师陈建功先生"。

谢庭藩教授做大会报告《我的老师陈建功先生》

作为陈建功先生的学生，谢庭藩教授用质朴、严谨的语言，动情地讲述了“我的老师陈建功先生”。陈建功先生一生爱国爱党，气节高尚。其三次东渡求学，三项领先成果；毕生从教，不遗余力；一条原则，代代相传，即“要教好书，必须靠搞科研来提高；反过来，不教书，就培养不出人才，科研也无法进行”。陈建功先生用中国话上课，用中文写教材，上课不带讲稿。演绎推理授真知，严谨治学惠教育。1931 年，陈建功、苏步青发起和指导“数学研究”课程，几十年不停，培养出一大批数学家。在谢教授娓娓细诉中，温暖之情、感佩之意洋溢在整个会场，涓涓育人，润物无声。

陈建功教育思想研讨会报告二：“陈建功与中国数学教育”。

张维忠教授做大会报告《陈建功与中国数学教育》

张维忠教授做了题为《陈建功与中国数学教育》的主题报告。整个报告围绕“中国数学家有关心数学教育的传统”“陈建功教育思想”“其教育思想对当代的价值和影响意义”展开。陈建功教育思想是坚守教学与科研相辅相成。其数学教育三原则，秉持着综合统一的原则，具体为：实用性原则、论理的原则和心理的原则。张教授报告中不仅有生动的案例，而且旁征博引，并提出“数学教育是数学家和教育家共同努力的结果”。当下，更需要继承和弘扬数学家与教育多年合作的传统，让更多的数学家走近学生，关注数学教育，促进数学教育向更好的方向发展。

两位专家的报告深入浅出，从不同的方面再现陈建功先生的为人与治学。正如中国科学技术馆前馆长、国家教育咨询委员会委员王渝生教授对陈先生的盛赞：“淡泊名利，虚怀若谷，虚己者进德之基；刚正不阿，敢讲真话，无私者建功之本。”

会议的成功举办，不仅进一步开阔了数学人的学术视野，促进省地学会联动，引领数学学科发展和启迪，更为重要的是继承和弘扬了数学家、教育家陈建功先生的教育理念，坚守立德树人，笃行致远，促进学生全面成长。同时，会议进一步凝练了著名数学家陈建功的教育理论，推动了数学家与数学教育的契合，进一步推动了数学教育进校园、进课堂。

八、2021 年传承活动

（一）“陈建功的数学教育思想与传播”获批国家自然科学基金项目

2021 年 11 月，由笔者主持的“陈建功的数学教育思想与传播”成功获批国家自然科学基金数学天元基金项目，这也突显了国家层面对陈建功院士数学文化与传播的关注与重视。

国家自然科学基金资助项目批准通知

（预算制项目）

王晓军　　先生/女士：

根据《国家自然科学基金条例》、相关项目管理办法规定和专家评审意见，国家自然科学基金委员会（以下简称自然科学基金委）决定资助您申请的项目。项目批准号：12126507，项目名称：陈建功的数学教育思想与传播，直接费用：8.00万元，项目起止年月：2022年01月至 2022年 12月，有关项目的评审意见及修改意见附后。

请您尽快登录科学基金网络信息系统（https://isisn.nsfc.gov.cn），**认真阅读《国家自然科学基金资助项目计划书填报说明》并按要求填写《国家自然科学基金资助项目计划书》（以下简称计划书）**。对于有修改意见的项目，请您按修改意见及时调整计划书相关内容；如您对修改意见有异议，须在电子版计划书报送截止日期前向相关科学处提出。

“科学与人文”是数学文化发展的灵魂和支撑。项目组将着重研究陈建功的数学教育思想的新时代内涵与现代表达形式，激活其生命力；继承和弘扬陈建功的数学教育思想，搭建数学与教育之间的交流平台，引领和健全该项目研究的发展思路。目前国内数学教育理论存在两大依赖问题：一是依赖国外，二是依赖教育学。作者往往导致数学教育成了大教育学的应用领地，而自身的理论却得不到发展。因此，该项目研究也是对目前我国数学教育理论缺失的有力补充，同时有助于推进优秀传统文化的继承和践行文化自信。

（二）陈建功旧居将打造成“体验数学之美”的研学基地

“陈建功旧居正式对外开放后，将是全国数学领域一个重要的爱国主义教育基地。”绍兴市数学会秘书长十分期待看到这样的场景。

陈建功是中国现代数学的拓荒者之一，在我国科学史上的地位超然。位于越城区人民中路南侧、中兴路东侧、观音弄东段北侧的陈建功旧居，是他在绍生活和学习的住所。四合院结构的建筑，共有前、后两进，其中前进五开间，后进三开间，屋后有一个院子，整体建筑坐北朝南。该建筑原为绍兴一布业会馆，陈建功于民国 20 年（1931 年）购入，现为省、市两级文保单位。

越城区文化广电旅游局于 2021 年 3 月启动陈建功旧居布展项目，7 月 20 日完成布展。“内部布展已经完成，计划于明年开放，目前我们正在完善对陈建功旧居外围的配套建设方案，每一次修改都跟在北京的陈建功第三子——数学家、中科院院士陈翰馥进行沟通。”越城区文广旅游局相关负责人表示，陈建功的儿子们都非常支持旧居的布展以及开放工作，还表示如有需要，可以捐赠一些父亲的私人物品及信件等珍贵资料。

陈建功曾经在浙江大学担任教授，因此在旧居布展的过程中，不仅有绍兴市数学会的协助，还有浙江大学校方的深入参与。在目前已完成的室内布展中，分设了求学之路、学者之道、民族之光、传承之心、启迪之趣五大展厅，通过图文、音频、实物的形式讲述了陈建功奋斗的一生，表现了他为振兴我国现代数学做出的不懈努力和淡泊质朴的高尚情操。

绍兴陈建功故居的部分场景

特别值得一提的是，旧居参观者可以利用现代化多媒体互动的形式，实时参与数学小游戏的互动。比如，在一个墙面挂满算盘的空间里，参观者在大屏幕的提示下可以进行真实的珠算体验，测一测自己的珠算水平；在一个布满著名数学公式的数字化空间里，参观者可以沉浸式感受数学 之美。

“修缮以及布展完成之后的陈建功旧居，是集纪念参观、科普教育、学术研究等多功能于一体的纪念建筑和青少年爱国主义教育基地。”绍兴市数学会负责人表示，陈建功旧居与鲁迅故居相隔不远，这两位名人也曾有一段师生之缘，因此陈建功旧居的开放，可以与鲁迅故居旅游资源连点成线，开发古城一文一理，两大名人资源的深度研学路线。

九、2022 年传承活动

（一）杭州师范大学缅怀著名数学家陈建功先生

在杭州师范大学仓前校区的勤园教学楼内，矗立着一尊 1 米高的铜塑半身像，这是为了纪念著名数学家陈建功先生。1910 年，年仅 17 岁的陈建功考入杭州师范大学前身浙江两级师范学堂，从此和数学结下了不解之缘。

2022 年 4 月 2 日上午，一场特殊的仪式在杭州师范大学举行，以此缅怀陈建功先生逝世 51 周年。来自数学学院的 40 余位师生身着正装，向陈建功塑像深深鞠躬，并敬献花篮。

杭州师范大学缅怀著名数学家陈建功先生场景

陈建功先生是中国现代数学的奠基人之一、中国数学界公认的权威，毕生从事数学研究和数学教育。陈建功先生一生致力于数学教育，为了纪念这位杰出校友，2013 年，杭州师范大学成立了陈建功高等研究院，并聘请了其三子著名数学家陈翰馥院士为高等研究院学术委员会主任，其弟子夏道行先生为研究院院长。

“我们数学学子无论走到哪里，都要勇攀高峰，追求科学。”2020级学生在陈建功塑像前缅怀道，“为了科学救国的理想，陈建功先生曾三度赴日求学，并婉拒了国外导师的多次挽留。先生的一生，始终把国家利益放在第一位。我们缅怀先生，更要学习他的爱国精神。今天我们享有比以往任何时候都更为优质的教育资源，因此我们更要瞄准科学前沿，求真学问、练真本领，脚踏实地、刻苦钻研，为中国梦贡献青春力量。”

“来到这里，和同学一起面对先生，缅怀先生，向先生致敬，是心灵的洗涤、灵魂的升华。”数学学院党委书记表示，“我们学习陈建功先生的事迹，学习近代中国的历史，了解当今的国际形势，就知道今天的幸福是无数像陈建功先生一样的科学家、教育家不断求索换来的。”

陈建功先生一生为了中国数学事业鞠躬尽瘁，当代青年更应该思考自己应当如何做出贡献。书记动情地说：“缅怀，为更好地铭记；铭记，为永远地传承。我们要传承陈建功先生的爱国情怀、科学精神和教育理念，在有限的生命中，为国家、为人民多做贡献，到基层去、到人民最需要的地方去奉献青春与力量。”

（二）绍兴市数学会走访遵义湄潭，继承和弘扬科学家精神

为了进一步贯彻落实2021年第24期《求是》杂志发表的习近平重要文章《深入实施新时代人才强国战略，加快建设世界重要人才中心和创新高地》，绍兴市数学会紧跟国家科学发展指引步伐，在前期对绍籍数学家陈建功的科学爱国精神和教育思想的挖掘和整理的基础上组织了数学科普交流活动。

2022年7月21—25日，绍兴市数学会组织考察遵义湄潭浙大西迁历史陈列馆活动。这次活动主要是为了更好地继承和弘扬陈建功、苏步青等科学家的求是精神，推进绍兴数学科普工作和学会联合党建工作。考察组由盛宝怀、王晓军、余国祥三人组成。

活动得到了遵义市湄潭县文化局、文旅中心、浙大西迁历史陈列馆的欢迎和接洽。陈列馆负责人介绍了浙大西迁的艰难历程，校长竺可桢倡导的求是精神，以及浙大西迁历史陈列馆建设的相关内容。参观之余双方进行了深入交流，交换了资料和书籍，同时建议共同交流合作，挖掘和重现浙大理学院西迁湄潭时的历史资料，如陈建功、苏步青、王淦昌等科学家追求真理、严谨治学的资料等，推进跨省两地学会科普共建的合作项目。

考察组与遵义市湄潭县文化局、浙大西迁历史陈列馆负责人交流合影留念

（三）走向全国——参加第九届数学史与数学教育学术研讨会学术报告

2022 年 8 月，在呼和浩特内蒙古师范大学举行的第九届数学史与数学教育学术研讨会暨数学史分会成立 40 周年纪念会取得了圆满成功。为了更好地继承和弘扬陈建功的数学教育思想，笔者撰写的《数学家与数学教育：陈建功的数学教育思想与传播》被大会列入学术报告。由于疫情原因笔者没能成行，最后大会以会议报告摘要的方式向参会同仁介绍与传播，也算是一次全国层面的成功宣传与交流。下面是摘要内容。

数学家与数学教育：陈建功的数学教育思想与传播

摘要　科学家精神是科技工作者在长期科学实践中积累的宝贵精神财富，我国先后出台了有关继承和弘扬科学家精神的重要文件。《关于进一步弘扬科学家精神加强作风和学风建设的意见》①（2019 年 6 月）提出大力弘扬科学家精神，加强作风和学风建设，营造风清气正的科研环境的新时代发展要求；习近平总书记在《在科学家座谈会上的讲话》②（2020 年 9 月）中再次提出大力弘扬科

① 中共中央办公厅、国务院办公厅印发了《关于进一步弘扬科学家精神加强作风和学风建设的意见》[EB/OL].（2019-06-11）[2023-04-05]. http: //www.gov.cn/zhengce/2019-06/11/content_5399239.htm.

② 习近平 . 在科学家座谈会上的讲话 [EB/OL]. (2020-09-11)[2023-04-05]. https: //baijiahao.baidu.com/s?id=1677549460006891757&wfr=spider&for=pc.

学家精神。因此，如何继承和弘扬科学家精神，如何推进提升科学文化软、硬实力建设已是当下的紧迫问题。近年来有关数学家陈建功先生的科学贡献与教育思想的著作和论文《中国现代数学教育先驱陈建功》《陈建功：中国现代数学的拓荒任》《知行合一：陈建功的数学教育思想与治学理念》先后出版与发表，这些著作和论文与时俱进，突显了陈建功的科学精神和治学理念，被中国科学院、数学界关注，被《中国科学报》及各大媒体转载报道；这些著作和论文紧跟当下数学文化发展前沿，对大力弘扬科学家精神，加强作风和学风建设，营造风清气正的科研环境，顺应新时代发展的要求起到了重要作用。

陈建功（1893—1971），浙江绍兴人，中国著名数学家、教育家，中国科学院学部委员，担任过中国数学会副理事长，浙江省科协主席，第一、二、三届全国人大代表。他先后在浙江大学、复旦大学、杭州大学建立了函数论研究基地，创立了具有特色的函数论学派，享誉国际，是中国现代数学的拓荒人之一，他对我国早期的中、高等数学发展极为关注并有着深远影响，首创的数学讨论班数学研究模式留给学生深刻印象，对我国数学教育事业做出了巨大贡献。

因此，开展陈建功的数学教育思想与传播研究，可以更好地贯彻习近平总书记在科学家座谈会上讲话精神，同时本报告旨在探究陈建功的数学教育思想的新时代内涵与现代表达形式，有助于推动科学家精神进校园、进课堂、进头脑，对推进我国数学文化建设与传播具有积极意义。

参考文献

[1] 蔡漪澜 . 一代学者陈建功 (上)[J]. 自然杂志 , 1981, 4(2): 133–140.

[2] 蔡漪澜 . 一代学者陈建功 (下)[J]. 自然杂志 , 1981, 4(3): 195–202.

[3] 曹阳 . 复旦园内的教授别墅 [J]. 档案春秋 , 2012(9): 62–64.

[4] 陈建功 , 郦福绵 . 高中几何学 [M]. 上海 : 开明书店 , 1935.

[5] 陈建功 , 毛路真 . 高中代数学 [M]. 上海 : 开明书店 , 1933.

[6] 陈建功 . 富理埃级数蔡查罗绝对可求和的一些结果 [J]. 杭州大学学报 (自然科学版), 1964, 1(4): 1–28.

[7] 陈建功 . 具有极光滑的境界曲线之区域上的解析函数用它的法巴级数之蔡查罗平均数均匀地来迫近它 [J]. 复旦学报 (自然科学), 1956(2): 89–124.

[8] 陈建功 . 单位圆中单叶函数之系数 [J]. 中国科学 , 1950(1): 7–26.

[9] 陈建功 . 单叶函数论在中国 [J]. 科学通报 , 1955(11): 87.

[10] 陈建功 . 二十世纪的数学教育 [J]. 中国数学杂志 , 1952, 1(2): 1–21.

[11] 陈建功 . 三角级数论 (上) [M]. 上海 : 上海科学技术出版社 , 1964.

[12] 陈建功 . 三角级数论 (下) [M]. 上海 : 上海科学技术出版社 , 1979.

[13] 陈建功 . 实函数论 [M]. 北京 : 科学出版社 , 1958.

[14] 陈建功 . 数学与天才 [J]. 中学生 , 1930(2) : 59–63.

[15] 陈建功 . 再谈完全数 [J]. 中学生 , 1930(9) : 75–79.

[16] 陈建功 . 直交函数级数的和 [M]. 北京 : 科学出版社 , 1957.

[17] 陈建功文集编辑小组 . 陈建功文集 [M]. 北京 : 科学出版社 , 1981.

[18] 陈建功先生诞辰一百二十周年纪念暨现代分析学术会议在复旦大学召开 [J]. 高等数学研究 , 2013(4): 49

[19] 陈克艰 . 中国现代数学的先驱——陈建功 [J]. 自然辩证法通讯 , 1992, 14(5):

64–73.

[20] 陈克胜 . 中国第一篇拓扑学论文考 [J]. 中国科技史杂志 , 2012(4): 446–472.

[21] 程民德 . 陈建功 [C]// 程民德 . 中国现代数学家传（第二卷）[M]. 南京 : 江苏教育出版社 , 1995: 16–42.

[22] 传承科学家精神——我国著名系统与控制学家、中国科学院院士陈翰馥 [J]. 自动化博览 , 2021(11): 38–39.

[23] 代钦 . 陈建功数学教育思想的现代意义——以“数学讨论班”教学模式为中心 [J]. 数学通报 , 2010, 49(10): 23–27.

[24] 代钦 . 王国维到陈建功——中国数学教育研究 50 年的回顾与反思 [J]. 数学通报 , 2008, 47(3): 9–21.

[25] 郭金海 . 陈建功与高中数学教科书的编撰 [J]. 自然科学史研究 , 2017, 36(1): 76–85.

[26] 郭金海 . 抗战西迁前国立浙江大学数学系的崛起 [J]. 科学文化评论 , 2017(5): 17–43.

[27] 韩扬眉 . 陈建功 : 中国现代数学的拓荒人 [N]. 中国科学报 , 2019-10-18(4).

[28] 康武 . 波利亚数学教育思想述评 [J]. 深圳大学学报（人文社会科学版）, 1998(3): 90–95.

[29] 康武 . 波利亚与数学教育 [J] . 中学数学教学参考 , 1998(5): 4–5.

[30] 李春阳 , 方明江 . 百年校志 [M]. 北京 : 少年儿童出版社 , 2003.

[31] 李伟军 , 李颖 . 中国数学教育理论原创性缺失的思考 [J]. 内蒙古师范大学学报（教育科学版）, 2011, 24(5): 6–10.

[32] 李祎 . 应重视和加强数学教育理论研究 [J]. 数学教育学报 , 2006, 15(1): 32–34.

[33] 梁贯成 . 第三届国际数学及科学研究结果对华人地区数学课程改革的启示 [J]. 数学教育学报 , 2005, 14(1): 7–11.

[34] 刘鹏飞 , 卞显新 . 论陈建功对中国数学教育的贡献 [J]. 长春师范大学学报 , 2017(12): 8–13.

[35] 卢庆骏 , 徐瑞云 , 程民德 , 等 . 数学家陈建功教授 [J]. 数学进展 , 1963(3): 294–303.

[36] 鲁孟河 . 影响中国的绍兴名人 [M]. 北京 : 中央文献出版社 , 2007.
[37] 骆祖英 . 陈建功与浙江大学数学学派 [J]. 中国科技史料 , 1991, 12(4): 3–11.
[38] 骆祖英 . 一代宗师——钝叟陈建功 [M]. 北京 : 科学出版社 , 2007.
[39] 缪春芳 . 教育思想源泉与治学理念传承——评王晓军著《中国现代数学教育先驱陈建功》[J]. 绍兴文理学院学报 (自然科学), 2021(4): 117–119.
[40] 彭雅 , 钱丽 . 浙大西迁 , 文明新风入黔来 [N]. 贵阳日报 , 2009–06–03.
[41] 田载今 , 张孝达 . 对二十一世纪数学教育的一些思考——纪念陈建功院士《二十世纪的数学教育》一文发表 50 年 [J]. 数学通报 , 2002(2): 1–3.
[42] 田载今 . “老母鸡孵小鸭”——陈建功数学教育思想一瞥 [J]. 数学教育学报 , 2009(5): 10–12.
[43] 田载今 . 数学家陈建功事略 [J]. 数学通报 , 1996(5): 1–3.
[44] 王大卫 , 周开迅 . 辉煌的悲壮——1940–1947 浙大西迁湄潭纪实 [J]. 贵阳文史 , 2012(1): 36–43.
[45] 王而冶 . 坚持实事求是的学风——论陈建功的数学课程观 [J]. 课程 · 教材·教法 , 2002(7): 3–5.
[46] 王沛 , 康廷虎 . 建构主义学习理论述评 [J]. 教师教育研究 , 2004(5): 17–21.
[47] 王斯雷 . 纪念陈建功教授诞辰一百周年 [J]. 杭州大学学报 (自然科学版), 1993, 20(3): 245–250.
[48] 王宪昌 , 王文友 . 关于中国数学教育学研究的问题探析 [J]. 数学教育学报 , 2004, 13(1): 27–30.
[49] 王晓军 , 陈翰馥 . 知行合一 : 陈建功的数学教育思想与治学理念 [J]. 自然辩证法通讯 , 2020(8): 114–119.
[50] 王晓军 . 中国现代数学教育先驱陈建功 [M]. 杭州 : 浙江大学出版社 , 2019.
[51] 王彦飞 , 宋婷 . 试析弗赖登塔尔的数学教育思想及其对儿童数学教育的启示——基于其著作《作为教学任务的数学》的解析 [J]. 教育探索 , 2016(2): 7–10.
[52] 魏庚人 . 中国中学数学教育史 [M]. 北京 : 人民教育出版社 , 1987.
[53] 西迁浙大的数学研究所 [J]. 浙江大学学报 (人文社会科学版), 2011(4): 36.
[54] 萧晓畋 , 何籽嵚 , 冯克忠 , 等 . 陈建功氏高中几何学题解 [M]. 编者自印本 ,

1943.
[55] 徐荣中，孙炳章，何籽嵚，等．陈建功氏高中代数题解 [M]. 编者自印本，1946.
[56] 薛有才，赵北耀．陈建功的数学教育思想研究 [J]. 运城学院学报，2014(5): 1–4.
[57] 严红枫，朱海洋．陈建功高等研究院在杭州成立 [N]. 光明日报，2013-06-04.
[58] 张奠宙，宋乃庆．数学教育概论 [M]. 北京：高等教育出版社，2004.
[59] 张奠宙．建设中国特色的数学教育理论 [J]. 数学通报，2010, 49(1): 8–14, 24.
[60] 张奠宙．数学教育经纬 [M]. 南京：江苏教育出版社，2003.
[61] 张奠宙．中国近现代数学发展 [M]. 石家庄：河北科学技术出版社，2000.
[62] 郑毓信．从课程改革看数学教育理论研究 [J]. 数学教育学报，2007, 16(1): 40–43.
[63] 郑毓信．数学教育国际比较研究的合理定位与方法论 [J]. 上海师范大学学报（哲学社会科学基础教育版），2004, (3): 1–5.
[64] 郑毓信．数学教育研究之合理定位与若干论题 [J]. 数学教育学报，2003, 12 (3): 1–4.
[65] 周开迅．永远的大学精神：浙江大学西迁史学纪实 [M]. 贵阳：贵州人民出版社，2006.
[66] D. Menchoff. Surles Séries des Fonctions Orthogonales[J]. Fundamenta Mathematicae, 1926 (8): 56–108.
[67] G.H.Hardy, J.E.Littlewood.Some Properties of Fractional Integrals, I.[J]. Mathematische Zeitschrift, 1928, 27(1): 565–606.
[68] H.C. Chow. Note on the Absolute Cesáro Summability of Power Series[J]. Proc. London Math. Soc., 1937(43): 484–489.
[69] H.Rademacher. Einige Sätze über Reihen von Allgemeinen Orthogonalfunktionen [J]. Math.Ann., 1922 (87): 112–138.
[70] K.K. Chen. On the Absolute Cesaro Summability of Negative Order for a Fourier Serier at a Given Point[J]. Amcr. J. Math., 1944(66): 299–312.

[71] K.K. Chen. On the Class of Functions with Absolutely Convergent Fourier Series[J]. Proc. Imp. Acad. Tokyo, 1928(4): 517-520.

[72] K.K. Chen. On the Series of Orthogonal Functions[J]. Proc. Imp. Acad. Tokyo, 1928(4): 36-37.

[73] K.K. Chen.On Hardy-Littlewood's Summability Theorem for Fourier Serire[J]. Tôhoku Math. J., 1930(32): 265-285.

[74] K.K. Chen.On the Theory of Schlicht Functions[J]. Proc. Imp. Acad. Jap., 1933(9): 465-467.

[75] L.Carleson. On Convergence and Growth of Partial Sums of Fourier Series[J]. Acta. Math., 1966(116): 135-157.

[76] L.de Branges. A Proof of the Bieberbach Conjecture[J]. Acta. Math., 1985(154): 137-152.

[77] S. Kaczmarz. Über die Summierbarkeit der Orthogonalreihen[J]. Math. Zeit., 1927(26): 99-105.

[78] S.Borgen. Probability Theory[J]. Math. Ann., 1927(98): 125-150.

后　记

科学家精神是科技工作者在长期科学实践中积累的宝贵精神财富。2023 年是陈建功先生诞辰 130 周年，本书的出版将有助于我们进一步领悟陈建功院士的科学求真精神，拓展我国数学教育的内涵建设和人才培养的理念，推进我国数学文化建设。

我们研究陈建功院士的数学教育思想，纪念陈建功先生，就是要发扬先生的爱国精神，勤奋学习和工作，立志报效祖国，承担强我中华的历史重任；就是要继承先生的求实创新精神，坚持教育创新，不断提高教育质量，努力开创学校教育的新局面，应对新时代的挑战；就是要学习先生的高尚人格，为人师表，教书育人，为培养高素质的新一代青年辛勤耕耘；就是要学习先生顽强的意志和毅力，刻苦钻研，打好基础，不断进取，有所作为，为祖国美好的明天奋发图强、努力前行！

本书得到了海内外同仁和陈门弟子、后辈的赐教与帮助。同时，本书的出版得到了国家自然科学基金数学天元基金项目“陈建功的数学教育思想与传播”的资助；得到了浙江省数学会、绍兴市科学技术协会、绍兴市数学会、绍兴文理学院数学系、绍兴市建功中学、绍兴市第一中学等单位的大力支持。此外，陈建功先生家族代表陈翰馥院士、陈竞一教授与陈鹤一先生，浙江省数学会秘书长卢兴江教授、浙江师范大学张维忠教授、绍兴市数学会理事长盛宝怀教授、绍兴市建功中学汤晓幸校长，还有我的研究生何保洁、徐新宇、唐玉令、王杰等，都对本书的出版给予了很多支持和帮助，在此一并表示感谢。

衷心感谢浙江大学出版社张琛副总编的指导和关爱，感谢本书编辑黄兆宁老师的热情指导和帮助。

衷心感谢家人给予我无微不至的精神支持与鼓励。

王晓军

2023 年 5 月 8 日于绍兴